Poética e poesia no Brasil
(Colônia)

FUNDAÇÃO EDITORA DA UNESP

Presidente do Conselho Curador
Herman Jacobus Cornelis Voorwald

Diretor-Presidente
José Castilho Marques Neto

Editor-Executivo
Jézio Hernani Bomfim Gutierre

Conselho Editorial Acadêmico
Alberto Tsuyoshi Ikeda
Áureo Busetto
Célia Aparecida Ferreira Tolentino
Eda Maria Góes
Elisabete Maniglia
Elisabeth Criscuolo Urbinati
Ildeberto Muniz de Almeida
Maria de Lourdes Ortiz Gandini Baldan
Nilson Ghirardello
Vicente Pleitez

Editores-Assistentes
Anderson Nobara
Henrique Zanardi
Jorge Pereira Filho

Roberto de Oliveira Brandão

Poética e poesia no Brasil (Colônia)

Esta publicação contou com o apoio do Comitê dos Produtores da Informação Educacional (COMPED) e teve sua reprodução contratada pelo Instituto Nacional de Estudos e Pesquisas Educacionais (INEP), no âmbito do Programa Publicações de Apoio à Formação Inicial e Continuada de Professores.

© 2000 Editora Unesp
Direitos de publicação reservados à:
Fundação Editora da Unesp (FEU)
Praça da Sé, 108
01001-900 – São Paulo – SP
Tel.: (0xx11) 3242-7171
Fax: (0xx11) 3242-7172
www.editoraunesp.com.br
www.livrariaunesp.com.br
feu@editora.unesp.br

Imprensa Oficial do Estado S. A.
Rua da Mooca, 1921
03103-902 – São Paulo – SP
Tel.: (0xx11) 6099-9446 Fax: (0xx11) 6692-3503
SAC 0800 123401
Home page: www.imprensaoficial.com.br
E-mail: imprensaoficial@imprensaoficial.com.br

Dados Internacionais de Catalogação na Publicação (CIP)
(Câmara Brasileira do Livro, SP, Brasil)

Brandão, Roberto de Oliveira, 1934 –
  Poética e poesia no Brasil (Colônia) / Roberto de Oliveira Brandão. – São Paulo: Editora Unesp: Imprensa Oficial do Estado, 2001.

  Bibliografia.
  ISBN 85-7139-310-9

  1. Poesia brasileira – Período colonial – História e crítica
  2. Poética I. Título.

00-2635   CDD-869.9109001

Índice para catálogo sistemático:
1. Poesia: Período colonial: Literatura brasileira:
   História e crítica 869.9109001

Editora afiliada:

Asociación de Editoriales Universitarias
de América Latina y el Caribe

Associação Brasileira de
Editoras Universitárias

Sumário

Introdução 11

Aspectos da poética colonial

Poética e poesia 19

    Convenção, forma e ser 19

    Racionalizando o sistema poético 20

    Compromisso entre representação e ética 24

Poesia e idealização 27

    Disciplina do pensamento, da sensibilidade e da expressão 27

    Criação como seleção dos dados do real 29

    O estético e o emotivo como formas de legitimação do real 29

Mimese e tradição 35

    Função dos modelos 35

Relação entre formas e temas   39

Uma máscara arcádica   41

As fontes da poesia   47

A longa cadeia da tradição poética   47

As múltiplas faces da lírica   52

O poeta inventa sua terra   62

As poéticas   65

O poeta deve conhecer a tradição poética   65

Poética da sátira e do jogo poético   70

Poética dos elementos plásticos e visuais   74

Poética do desnudamento poético   76

Poética da ortodoxia poética   79

Poética da nostalgia poética   84

Poética do sentimento amoroso   87

Antologia
(Metapoemas)

Bento Teixeira (1565-1600)

Prosopopeia (1601)

Prólogo   97

Cantem Poetas o Poder Romano   98

Gregório de Matos (1623/33-1695/96)

Obra poética

Um soneto começo em vosso gabo   105

Se há de ver-vos, quem há de retratar-vos   106

Nos assuntos, que dais à vossa fama 107

Oitavas canto agora por preceito 108

Hoje os Matos incultos da Bahia 111

Eu, que me não sei calar 112

Amigo Senhor José 115

Herói Númen, Herói soberano 118

Triste Bahia! Oh quão dessemelhante 127

Eu sou aquele, que os passados anos 128

Cansado de vos pregar 130

Debuxo singular, bela pintura 133

Alma ditosa, que na empírea corte 133

Sôbolos rios, sôbolas torrentes 134

Discreta, e formosíssima Maria 135

À margem de uma fonte, que corria 136

Saiu a sátira má 137

Tomas a Lira, Orfeu divino, tá 139

De repente, e cos mesmos consoantes 140

Doutor Gregório Guaranha 141

Manuel Botelho de Oliveira (1636-1711)

Música do Parnasso (1705)

Ao Excelentíssimo 149

Invoco agora Anarda lastimado 154

Anarda vê na estrela, que em piedoso 155

Quando vejo de Anarda o rosto amado 156

Tejo formoso, teu rigor condeno 157

Quer esculpir artífice engenhoso   158

Meu pensamento está favorecido   159

Que doce vida, que gentil ventura   160

Essa de ilustre máquina beleza   161

Campa no campo agora   162

Jaz em oblíqua forma e prolongada ("À Ilha de Maré")   165

Frei Manuel de Santa Maria Itaparica (1704-?)

Estáquidos (1769)

Prólogo   177

Cantar procuro, descrever intento ("Descrição da Ilha de Itaparica")   179

Frei José de Santa Rita Durão (1722(?)-1784)

Caramuru (1781)

Reflexões prévias e argumento   197

De um varão em mil casos agitados (Canto I)   200

Não era assim nas aves fugitivas (Canto II)   207

Já nos confins extremos do horizonte (Canto III)   211

Cláudio Manuel da Costa (1729-1789)

Obras (1768)

Prólogo ao leitor   217

Para cantar de amor tenros cuidados ("Sonetos" I)   220

Leia a posteridade, ó pátrio Rio ("Sonetos" II)   220

Sou pastor, não te nego; os meus montados ("Sonetos" IV)   221

Faz a imaginação de um bem amado ("Sonetos" XXVIII)   222

Enfim te hei de deixar, doce corrente ("Sonetos" LXXVI)   222

Musas, canoras musas, este canto ("Sonetos" C)   223

A vós, canoras Ninfas, que no amado ("Fábula
de Ribeirão do Carmo")   224

Na margem deleitosa (Écloga II)   233

Assim como o Pastor, também o pobre (Soneto)   235

Ó doce soledade! (Écloga XIX)   236

Aqui deste salgueiro (Écloga XX)   238

Obras poéticas   241

Ninfas do pátrio Rio, eu tenho pejo ("Sonetos" VII)   244

Para terminar a Academia   245

Vila Rica (1773) ("Prólogo")   249

Cantemos, Musa, a fundação primeira (Canto I)   251

Se o ver-me neste estado é maravilha (Canto II)   253

Encheu-se de tristeza, e o Gênio ativo (Canto V)   256

Na diáfana máquina presente (Canto VI)   257

Assim falava a torpe Hipocrisia (Canto VIII)   259

Matéria é de coturno, e não de soco (Canto IX)   259

Enfim serás cantada, Vila Rica (Canto X)   261

José Basílio da Gama (1740-1795)

O Uraguai (1769)

Fumam ainda nas desertas praias   263

Ninfas do mar, que vistes, se é que vistes   264

Ao som da ebúrnea cítara sonora   264

Na abóbada o artífice famoso   265

Serás lido Uraguay. Cubra os meus olhos   265

Tomás Antônio Gonzaga (1744-1810)

Marília de Dirceu (1792)

Eu, Marília, não sou algum vaqueiro   267

Pintam, Marília, os poetas   268

Vou retratar a Marília   270

Não toques, minha Musa, não, não toques   272

Minha Marília   275

Inácio José de Alvarenga Peixoto (1744-1793)

Canto genetlíaco (1782)

Bárbaros filhos destas brenhas dura   279

Manuel Ignácio da Silva Alvarenga (1749-1814)

Obras poéticas (1864)

Musa, não sabes louvar ("Quintilhas: ao Vice-Rei Luiz de Vasconcellos e Souza no dia de seus anos")   285

Adeus, Termindo, adeus, augustos lares (Idílios: "Templo de Netuno")   290

Gênio fecundo e raro, que com polidos versos (Epístolas: "A José Basílio da Gama")   295

Já fugiram os dias horrorosos (Poema: "Às Artes")   300

O desertor [Introdução]   302

Musas, cantai o desertor das letras (Canto I)   304

Toma a lira, Alcindo amado ("Glaura" – A Alcindo Palmireno)   306

Como vens tão vagarosa ("Glaura" – A Lua)   308

Bibliografia   311

Introdução

Este trabalho pode ser situado entre a teoria e a história da poesia no período colonial brasileiro. Seu objetivo principal é verificar o que pensavam sobre poesia nossos primeiros poetas e como expuseram suas ideias nos poemas que deixaram. O texto tem também um propósito arqueológico, na medida em que visa recuperar modos de pensar e de fazer que, em última instância, refletem o mundo em que viviam aqueles poetas, como se integraram a ele ou dele se afastaram. O material de análise consiste, por um lado, nos prefácios, prólogos, reflexões prévias e dedicatórias que alguns dos autores deixaram em suas obras, e, por outro, nos poemas propriamente ditos, embora reduzidos a uma seleção pelo que nos pareceram mais significativos às finalidades do estudo. Da relação e do confronto entre uns e outros, os textos em prosa, que revelam o horizonte das motivações históricas e estéticas dos poemas, e estes, que dão forma poética àquelas motivações, podemos talvez compor um quadro mais coeso e completo do que se poderia chamar de poética colonial brasileira, com suas ideias, valores e processos criativos.

Tendo suas raízes na atividade desenvolvida em sala de aula, este estudo retoma preocupações e análises anteriores em que buscamos apreender, a partir de suas origens, o processo de autorreferência da poesia no quadro da literatura brasileira. A experiência tem mostrado que o estudo de poemas que de alguma forma tematizam a poesia representa um modo de abordagem específico que não exclui, mas complementa, as análises propriamente históricas ou críticas. Se estas, em geral, mantêm um distanciamento em relação ao objeto estudado, ganhando, com isso, a possibilidade de estabelecer relações com outros poemas ou sistemas estético-literários, a consideração dos textos em que o poeta (ou o sujeito ficcional) se manifesta em seu próprio nome, como é o caso dos prólogos e introduções, bem como das autorreferências contidas nos próprios poemas, tem o dom de chancelar tanto suas crenças ou seus preconceitos, sejam pessoais, de escola ou das condições históricas, quanto aqueles aspectos mais inventivos pelos quais se destaca do meio e do tempo em que produz sua obra. Não podemos nos esquecer de que toda prática humana traz consigo um eixo diretor de pensamento que, embora em muitos casos só possa ser percebido *a posteriori*, se projeta como o irrecusável duplo de tudo que fazemos. Nesse sentido, as diferentes abordagens se completam e se tornam necessárias também ao estudioso de literatura.

Um dos momentos mais significativos do processo de formação da literatura brasileira, como nos mostram, entre outros, os estudos de Sérgio Buarque de Holanda e de Antonio Candido, diz respeito à poesia de Cláudio Manuel da Costa. Vários de seus poemas, e em especial a introdução a suas obras ("Prólogo ao leitor"), revelam como a consciência e a sensibilidade do poeta enfrentam uma divisão interna entre o peso da tradição poética e cultural, que era forte nele, e o impulso de cantar as coisas de sua própria terra, embora para estas – como dados do real – não houvesse ainda um conjunto de figuras literárias ou procedimentos artísticos estabelecidos equivalentes às "leis" prescritas pelas poéticas clássicas, e pelas que se lhe seguiram, que de há muito vinham ditando as normas e os modos de produzir e de apreciar poesia. É do choque entre um sistema simbólico dado e as novas solicitações do real, semantizado pela emoção, que se alimenta boa parte da poesia do poeta mineiro. As consequências desse choque não interessam apenas como ilustração do momento histórico e estético em que o fator emotivo vai-se tornando elemento importante para a ativação da consciência em relação às diferenças entre a poesia colonial e a que se produzia na metrópole. Valem, sobretudo, como demonstração de uma das vias do processo de criação poética, pela qual o poeta, sem romper com o sistema literário vigente, mobiliza suas experiências, emoções e intuições em busca de uma linguagem capaz de expressar o objeto de seus desejos: ver sua terra eternizada pela poesia, segundo o aforismo de Hipócrates: *"ars longa, vita breve"*, tornado princípio clássico que Cláudio e seu tempo seguiram. Se não a encontrou propriamente, uma vez que em verdade deveria o poeta criá-la, deixou expressivos recortes de sua inquietação, fazendo uma obra que revela a percepção dos desajustes entre o repertório poético que tinha em mãos e os dados da realidade que sua emoção se esforçava por ver elevados ao nível poético e simbólico.

O mesmo grau de interesse apresenta a poesia de Gregório de Matos, especialmente suas recriações a partir de poemas espanhóis e portugueses. O fato de o poeta deixar transparecer suas fontes, o que a muitos críticos do passado pareceu "plágio", revela um aspecto próprio do modo tradicional como cada poeta se relacionava com seus antecessores, especialmente aqueles já canonizados pela opinião. Era antes uma homenagem e um atestado de bons antecedentes poéticos, que o poeta fazia questão de expor. É verdade que alguns iam além dessa praxe, dando sua contribuição pessoal. No caso de Gregório, esta talvez esteja em trazer à luz a linguagem e os fatos que até então viviam à sombra do anonimato cotidiano, como reserva vital que as poéticas do tempo não admitiam senão depois de um rígido trabalho de disciplina ética e cosmética. Mas não se apresse em aplicar à sua poesia critérios que apenas valem para os tempos modernos. A mesma razão pela qual Cláudio desejava "idealizar" os dados empíricos de sua experiência mineira, exigência do sistema poético em vigor, leva Gregório de Matos a inverter o tom lírico em satírico sem, contudo, abandonar o mesmo sistema de produção poética. Isto é, o gênero satírico funcionava, na verdade, como uma das formas regradas pelas quais se permitia a atuação do espírito dionisíaco com sua verve popular, sensorial e mesmo grosseira. Inversão, aliás, justificada pela finalidade de corrigir os costumes pelo riso, conforme a frase *"Castigat ridendo mores"*, criada pelo poeta Jean de Santeul no século XVII, especialmente para ser usada como divisa da comédia.

Para referir apenas mais um dos autores estudados, lembremos as saborosas e irreverentes "lições" de poesia ministradas por Silva Alvarenga ("Quintilha dedicada ao vice-rei Luiz de Vasconcellos e Souza"). Nessas lições, o lamuriento amante de Glaura abandona sua máscara de pastor apaixonado e desditoso e nos surpreende com uma linguagem ágil e brincalhona que lhe dá um sabor moderno. Para isso, subverte a posição tradicional e, em vez de pedir ajuda à musa, como era a praxe entre os poetas clássicos, ele é que lhe ensina como fazer poesia, embora suas lições não passem de desnudamento de todas as fórmulas estereotipadas árcades, fazendo lembrar, malgrado as muitas diferenças, os "Sapos" de Bandeira.

Por suas próprias características, esses casos já apresentam interesse em relação ao problema da diferenciação literária entre a Colônia e a Metrópole. A grande maioria da produção poética colonial, entretanto, e as suas autorreferências o comprovam, se inclui na noção de *imitação poética* como simples reprodução das soluções dos grandes poetas do passado. Ao autor colonial, influenciado pelas correntes clássicas, constituía evidente valor positivo procurar imitar aqueles modelos: os gregos, os latinos, os espanhóis, os italianos e os portugueses. A grande maioria dos nossos épicos seguiu, por exemplo, *Os lusíadas*, de Camões, reproduzindo-lhe os mesmos esquemas métricos e estróficos, os torneios sintáticos e vocabulares, o arsenal mitológico e figurativo, os valores ético-sociais (heroísmo, nobreza, tradições etc.). Contudo, o grau de adesão às matrizes do passado parece ser inversamente proporcional ao talento de cada poeta.

Nascido de uma experiência pedagógica, o presente texto se destina a voltar às salas de aula como material didático capaz de estimular o estudante de literatura a perceber o arcabouço teórico que permeia a produção poética colonial.

Na parte referente aos textos transcritos, procuramos conservar muitas das notas colocadas pelos autores ou pelos editores das obras, apontando-as em cada caso, a que acrescentamos outras, mais diretamente ligadas aos objetivos deste trabalho, seja como breves comentários seja como indicação das alterações gráficas realizadas.

Aspectos da poética colonial

Poética e poesia

Convenção, forma e ser

À simples leitura panorâmica dos poemas que tematizam a poesia escritos no Brasil no período colonial, notamos que eles seguem algumas tendências que vêm de longe, das quais podemos citar, entre outras: *a)* o poema segue a tradição poética e deve "ter sentido" sob uma perspectiva humana e cultural; *b)* as imagens do poeta, do poema, dos motivos poéticos e do leitor são elaboradas a partir de traços de uma experiência estética herdada; *c)* o poeta se impõe a tarefa de fazer do poema o lugar simbólico do espiritual, da essência e do eterno; *d)* os componentes de articulação interna do texto enquanto unidade lógica e sintática jamais são omitidos.

Os poemas resultantes dessas linhas de força expressavam, em resumo, um *pacto*, que lhes garantia sua comunicação e continuidade; um *aparato retórico*, que lhes dava contorno plástico comum; e um *lugar ideal permanente*, que equivalia a possuírem um ser/sentido como elemento ordenador do pensamento. Convenção, forma literária e determinada noção de ser são, portanto, elementos solidários do mesmo sistema.

As fontes dessa prática encontram-se basicamente nas artes poéticas, poemas ou não, que marcaram a história da reflexão poética, passando muito cedo a ser vistas como referencial necessário para a compreensão, a produção e a avaliação de poesia. Em geral, essas artes sistematizam as preocupações dos tempos e lugares em que foram elaboradas. Ver, por exemplo, os capítulos VII e VIII da *Poética*, nos quais Aristóteles (s. d.) estabelece o significado lógico-estrutural da *unidade* da obra, que implica, por sua vez, a noção de *totalidade* como resultante da fusão entre *princípio, meio e fim*:

> Assentamos ser a tragédia a imitação de uma ação completa formando um todo e de certa extensão, pois um todo pode existir sem ser dotado de extensão. Todo é o que tem princípio, meio e fim. O princípio é o que não vem necessariamente depois de alguma coisa; aquilo, depois do qual é natural que haja ou se produza outra coisa; o fim é o contrário: produz-se depois de outra coisa, quer necessariamente, quer segundo o curso ordinário, mas depois dele nada mais ocorre. O meio é o que vem depois de uma coisa e é seguido de outra. (*Poética*, cap.VII)

Racionalizando o sistema poético

Para Aristóteles, a verossimilhança da poesia decorria da ordem estrutural, discutida no âmbito da fábula. A hipótese de uma relação diferente da expressa pelos termos *começo/meio/fim* era logo descartada, uma vez que interferiria no efeito de sentido produzido pela totalidade da obra. Melhor dizendo, todos os elementos que não entravam numa ordem prevista não pertenciam ao todo da obra:

> Importa pois que, como nas demais artes miméticas, a unidade da imitação resulte da unidade do objeto. Pelo que, na fábula, que é imitação de uma ação, convém que a imitação seja una e total e que as partes estejam de tal modo entrosadas que baste a supressão ou o deslocamento de uma só, para que o conjunto fique modificado ou

confundido, pois os fatos que livremente podemos ajuntar ou não, sem que o todo fique sensivelmente modificado, não constituem parte integrante do todo. (ibidem, cap.VIII)

Com o tempo, essa fundamentação do fenômeno poético acabaria por impor conjuntos fechados de sentido que o poeta devia respeitar e o leitor, reconhecer. As próprias noções de real, e de seu equivalente estético, o *verossímil,* tão importante nas poéticas tradicionais, pressupunham um processo de racionalização que lhes conferia sentido e validade. A *Arte poética* de Horácio, escrita pouco antes da era cristã (entre 14-13), o *Ensaio sobre a crítica* (1711), de Pope, e *A arte poética* (1674), de Boileau, são alguns exemplos desse processo de fixação dos preceitos poéticos em fórmulas, o que facilitaria sua difusão e assimilação.

Nesse contexto, tornar verossímil uma obra significava, para o artista, filtrar sua experiência empírica das "impurezas" próprias da realidade, ajustando-a à unidade e coerência dos sistemas lógicos, éticos e ontológicos formulados pelos antigos. A história da arte tem mostrado como os movimentos estéticos fundam-se em convenções que, ao serem aceitas e incorporadas na prática criativa, acabam por parecer naturais e espontâneas. Pope, em seu *Ensaio sobre a crítica* (1810, I, vv.88-89), dizia que as regras antigas não eram senão "natureza reduzida a método": *"Those rules of old discovered, not devised / Are Nature still, but Nature methodised"* ["Estas regras descobertas antigamente, e não inventadas, são sempre a Natureza; mas a Natureza reduzida a método"]. De fato, essa foi a imagem que ficou do sistema estético clássico como um todo, embora Hauser afirme, no caso da noção de unidade, que é um "dogma classista" considerar a obra de arte como "conjunto orgânico, totalmente unitário, impregnado em todos os seus componentes dos mesmos princípios formais" (Hauser, 1978, p.416). Lembra ele que essa noção vale apenas para uma parte do movimento:

> Mas o fato de que o que conta artisticamente é apenas aquilo que sucede realmente dentro dos limites da obra e figura entre os

elementos do conjunto não significa, de modo algum, que a obra de arte seja sempre um todo completamente integrado. A tese de que nenhum dos seus elementos poderia ser omitido ou nada poderia ser acrescentado sem destruir ou pelo menos prejudicar o efeito do todo aplica-se somente às produções do classicismo mais rigoroso. (ibidem, p.418)

O século XVII acentuou o caráter coercitivo do ensino legado pelos antigos. Se, como diz René Wellek, a crítica neoclássica "estabeleceu uma psicologia estável da natureza humana, uma série fundamental de normas para as próprias obras, um tratamento uniforme da sensibilidade e da inteligência humanas, que nos permitem chegar a conclusões que devem ser válidas para toda arte e toda literatura", por outro lado, ainda dentro desse raciocínio, "ela não é capaz de apreender, com inteligência, toda a variedade da literatura moderna e os diversos valores e problemas consequentes para os quais o credo neoclássico não tinha vocabulário nem moldura" (Wellek, 1967, v.I, p.11).

Naturalmente que essas limitações só aparecem como tais se comparadas com períodos posteriores, quando as práticas artísticas se abrem para novas necessidades expressivas, manifestando outras convenções e exigências que, em seu tempo, são consideradas como naturais. Quanto à noção de *originalidade*, no sentido que lhe damos modernamente, impregnado de individualismo, lembra Adorno que seria um conceito impensável aos antigos, levando-se em conta o espírito grupal que os dominava:

> Sem dúvida, a questão da originalidade relativamente a obras mais antigas, ou mesmo arcaicas, é absurda, porque a coação da consciência coletiva, na qual se entrincheira a dominação, era tão grande que a originalidade, que pressupõe algo como o sujeito emancipado, seria anacrônica. (1982, p.196)

O caráter artificial das regras apenas podia ser adequadamente avaliado quando já não exerciam todo o seu domínio sobre produtores e receptores da obra. Antes, a liberdade de criação era concebida como fazendo parte das convenções estabelecidas, espécie de herança coletiva das soluções propostas pelos grandes artistas do passado e erigidas em princípios sempre válidos pelos críticos. Na verdade, acreditava-se que, atingido certo grau de perfeição, seria desnecessário, quando não impossível, ir além, ou simplesmente buscar novos procedimentos criativos. Luzán, na sua *Poética* (1737), diz taxativamente: *"Una es la Poética y uno el arte de compor bien en verso, común y general para todas las naciones e para todos los tiempos"*. Mais adiante ele explica com mais detalhes esse conceito geral da crítica neoclássica:

> Y a la verdad, las reglas que dejó Aristóteles para la poesía dramática, las que extendió con judiciosa crítica Horacio, y las que, después han amplificado y refinado los autores latinos, italianos, franceses, ingleses, alemanes y nuestros mismos españoles, en preceptos, en observaciones, en críticas y en poesía de todas espécies, donde la práctica de las mismas reglas ha sido recibida con universal aceptación y aplauso, son tales y tan conformes y ajustadas a la razón natural, a la prudencia, al buen gusto y al paladar de los mejores críticos, que sería especie de desvarío querer inventar nuevos sistemas y nuevos preceptos, distintos, en lo substancial, de aquéllos. (1974, cap. IV, p.92)

Interessante é que os motivos alegados para justificar a validade permanente dos mesmos procedimentos criativos, ou seja, *razão natural, prudência, bom gosto, paladar dos melhores críticos* etc., foram identificados no interior da própria natureza, como se ela tivesse assumido critérios humanos de constituição do fenômeno estético. Essa ideia de que a natureza é algo estável e possui uma espécie de racionalidade interna que explica e garante sua harmonia não é nova. Horácio já a sugeria no início da Arte poética, ao falar sobre as prerrogativas e os limites do artista:

> Direis vós que "a pintores e poetas igualmente se concedeu, desde sempre, a faculdade de tudo ousar". Bem o sabemos e, por

isso, tal liberdade procuramos e reciprocamente a concedemos, sem permitir, contudo, que à mansidão se junte a ferocidade e que se associem serpentes a aves e cordeiros a tigres. (s. d., vv.9-13)

Como se observa, apenas posta, a liberdade de "tudo ousar" é logo relativizada com fundamento na alegação de que a natureza apresenta um ordenamento estável e uma ordem lógica, no caso, a incompatibilidade entre as ideias de "mansidão" e de "ferocidade", que se impõe também às representações artísticas. Os objetos da observação e da criação (a natureza e a arte), bem como o sujeito que observa e cria (o artista) devem ser regidos pelos mesmos nexos lógicos. Qualquer ruptura de tais critérios parecerá anomalia e risco à comunicação e, portanto, precisa ser evitada.

Compromisso entre representação e ética

Por outro lado, os limites entre "ser" e "dever ser", isto é, entre ontologia e ética ficam extremamente tênues. Daí a existência, em todas as poéticas antigas, das dicotomias valorativas (os "defeitos" e as "virtudes" da elocução, por exemplo) como contraponto das próprias coisas, mas, ao mesmo tempo, modo de organizá-las e torná-las compreensíveis, satisfazendo, assim, à expectativa já estimulada no leitor pela educação. Nesse processo, o lógico deve ter hegemonia sobre o real, assim como a razão sobre a fantasia, como nos mostra ainda Luzán:

> *Un feliz, agudo y vasto ingenio, una veloz, clara y fecunda fantasía, son como los proveedores y despenseros de la novedad, de la maravilla y del deleite poético. Y si a estas dos potencias o facultades se añade el juicio, que es la potência maestra y el ayo y director de las otras dos, se hará un compuesto feliz de todas las partes que se requieren para formar un perfecto poeta. Las dos primeras potencias son como los brazos del poeta, que hallan materia nueva y maravillosa, o la hacen tal com el artificio; el juicio es como la cabeza, que las pre-*

serva de excesos, rigiéndolas siempre por dentro de los límites de lo verosímil y de lo conveniente. (1974, p.159)[1]

A teoria neoclássica divide e hierarquiza as fases da atividade criativa, prescrevendo uma ordem rigorosa entre os momentos de produção do poema. Boileau, seguindo a tradição horaciana, ensinava, em 1674, que a *invenção* – como busca das ideias e dos assuntos – devia preceder à *elocução*, ou seja, o ato de dar forma linguística aos pensamentos. E essa disposição não era sentida como simples resultado de uma convenção artística que privilegiava o pensamento como expressão do espírito, mas um nexo verdadeiro, natural e lógico próprio às coisas:

> *Avant donc que d'écrire apprenez à penser,*
> *Selon que notre idée est plus ou moin obscure,*
> *L'expression la suit, ou moins nette, ou plus pure.*
> *Ce que l'on conçoit bien s'énonce clairement,*
> *Et les mots pour le dire arrivant aisément.*
> (1966, v.I, vv.150-154)[2]

Os significados histórico, cultural e estético dessas obras se confundem na medida em que encarnam ideais universalizantes do homem clássico diante da vida, da arte e dos meios de expressão. A poesia, como todas as outras manifestações artísticas, inseria-se num projeto pedagógico mais amplo da sociedade, com seus padrões de civilização e estético-culturais. Em verdade, todo o processo de ensino, no qual a literatura ocupava lugar privilegiado, pressupunha a valorização de um saber ideal

---

1 Lembremos, a título de contraste, que no romantismo, quando a coerção lógica vai perdendo sua força, a fantasia e o sentimento assumem a função de energia criativa por excelência.

2 Compare-se essa visão retórica, para a qual o conteúdo da experiência e sua formulação linguística eram independentes, com a ideia visceralmente antirretórica de Croce ao sustentar que "cada conteúdo é distinto de outro, porque nada se repete na vida; e ao contínuo variar dos conteúdos corresponde a variedade irredutível das formas expressivas, síntese estética das impressões" (1969, p.154).

capaz de se reproduzir como prática de vida, vida civilizada, racional e humana, naturalmente. Um movimento circular percorre essas poéticas, pois projetam nos objetos as obras e tudo que lhes dizia respeito, isto é, o poeta, a natureza, a linguagem, a experiência humana e as próprias coisas, os mesmos princípios fornecidos pelo sistema com que seriam produzidos e avaliados, o que lhes garantiu, sob as diferenças de superfície, a identidade e a permanência de base responsáveis por sua duração por tantos séculos. Dito de outro modo, a poesia (como prática) e a poética (como reflexão e normas sobre poesia) se implicavam, e a compreensão do poema como mensagem não apenas pressupunha o conhecimento dos elementos do código, como, ao longo do tempo, o reforçava nos seus aspectos modeladores da produção e da recepção de poesia.

Poesia e idealização

Disciplina do pensamento, da sensibilidade e da expressão

As regras clássicas eram consideradas como expressão de uma lei interna inerente ao mesmo tempo à natureza e à razão. Produtor e consumidor de poesia deviam, portanto, aprender a ver e sentir os fenômenos de acordo com os modelos poéticos, o que implicava todo um trabalho de disciplina do pensamento, da sensibilidade e da expressão. O resultado desse processo era que, para serem aceitos, tanto o real como a sua representação deviam passar pelo crivo dos valores instituídos.

Ao realizar essa articulação, o poeta recusava muitas vezes aqueles dados da experiência viva que não se ajustassem aos preceitos e modelos que ele aprendera a valorizar como uma segunda natureza, aliás, "melhorada". Daí a noção do traço "típico" vigente no neoclassicismo, que expressava o trabalho de idealização – e domínio – exercido sobre a natureza de modo que os seus aspectos inconvenientes fossem excluídos ou suavizados. Ao artista, como educador que era, impunha-se a tarefa de afastar o leitor (o "educando") das realidades "brutas", "irracionais", "desarmônicas" ou "condenáveis", impondo-lhes os padrões do espírito, da moral e do ser.

Do típico passa-se naturalmente às noções de "decoro" ou "conveniências" (*bienséance*), como princípios de adequação na representação das coisas, pessoas e ambientes. René Wellek (1967, p.14) lembra que a noção de propriedade (como adequação a algo) proibia a descrição do horrível, do feio, do baixo e do mesquinho, e cita o teórico francês La Mesnardière, para quem não se devia descrever a "mesquinharia da avareza, a infâmia da lisonja, o horror da crueldade, o cheiro da pobreza". Desse modo, parte ponderável da experiência ficava à margem da expressão, substituída pelos *clichés* idealizados da representação literária.

Como ocorreu relativamente a outros aspectos, também essa imposição dos sistemas estético e ético sobre os dados do real migrou das culturas europeias para a produção dos poetas coloniais. Em nosso caso, isso transparece de forma peculiar no árcade Cláudio Manuel da Costa. Tendo vivido em Portugal alguns anos e assimilado os padrões poéticos do tempo – que se baseavam numa natureza idealizada e convencional –, diante da paisagem "bruta" da terra mineira, como que sente nostalgia da pátria cultural e poética que fora a Metrópole:[1]

> Conheço que só entre as delícias do Pindo se podem nutrir aqueles espíritos, que desde o berço se destinaram a tratar as Musas: e talvez nesta certeza imaginou o Poeta desterrado que as Cícladas do mar Egeu se tinham admirado de que ele pudesse compor entre os horrores das embravecidas ondas. ("Prólogo ao leitor". In: *A poesia dos inconfidentes*, 1996, p.47)

---

[1] Caso semelhante ocorreria, no século XIX, com um dos iniciadores do romantismo no Brasil, o poeta Gonçalves de Magalhães, a quem José Veríssimo, na *História da literatura* (1963, p.151), chama de "árcade retardatário" para designar a persistência de elementos clássicos em sua obra.

Criação como seleção dos dados do real

Reconhecidos os moldes poéticos de representação da realidade, automaticamente deviam-se excluir aqueles elementos que não se ajustassem a eles. Note-se que Cláudio evoca o exílio do poeta Ovídio (*Tristes*), situação sentida como análoga à sua, para quem as "Cícladas do mar Egeu" expressavam admiração de que "ele pudesse compor entre os horrores das embravecidas ondas". No mesmo sentido, a resistência de Cláudio diante da realidade não idealizada, isto é, a brasileira, devia-se ao fato de ela não possuir tradições poéticas, o que levaria o poeta a confessar sua frustração por "não substabelecer aqui" (Brasil) "as delícias do Tejo, do Lima e do Mondego" (Portugal).

Sob essas palavras temos um processo inverso ao que, no período romântico, sustentaria a "Canção do exílio" de Gonçalves Dias. Se neste a emoção poética funde-se ao sentimento da terra, o que o leva a ser eloquente em relação às suas belezas naturais, no árcade mineiro o lastro cultural sobrepõe-se à experiência viva, e, não tendo à sua disposição senão os padrões do desejável e do exprimível preconizados pelas poéticas tradicionais, sente que sua adesão emotiva à terra não encontra meios estético-estilísticos próprios capazes de expressá-la.

O estético e o emotivo como formas de legitimação do real

Estabelece-se, então, um contraste entre o imaginário do real cristalizado como fator estético nos poemas arcádicos, cujas raízes, na verdade, são antigas,[2] e a realidade "bruta" da terra,

---

2 Encontram-se nos poetas que podemos chamar de "fundadores" da literatura portuguesa (Sá de Miranda, Camões, Antônio Ferreira, Rodrigues Lobo e outros) na medida em que valorizam aqueles traços que iriam, com o tempo, constituir o ideal coletivo de "nação portuguesa". Esses poetas deram dignida-

ainda não incorporada ao sistema poético, embora colada à singular emoção do poeta. Essa fratura projeta-se nos poemas de Cláudio, como vemos neste fragmento da "Fábula de Ribeirão do Carmo", em que o rio mineiro dialoga com o Tejo, cheio de tradições históricas e poéticas, ressaltando ainda mais as carências que atormentam o rio brasileiro:

> Competir não pretendo
> Contigo, ó cristalino
> Tejo, que mansamente vais correndo:
> Meu ingrato destino
> Me nega a prateada majestade,
> Que os muros banha da maior Cidade.[3]

Observa-se que os termos que atestam a presença do fator estético pertencem a alguns dos *topoi* literários dos rios europeus: *cristalino, mansamente*, contraponto positivo em face da ausência sentida por Cláudio em relação à própria terra. Em outro poema ("Leia a posteridade, ó pátrio Rio"), essa ausência emerge à luz da linguagem com sua cor própria:

> Turvo, banhando as pálidas areias,
> Nas porções do riquíssimo tesouro
> O vasto campo da ambição recreias.
> ("Soneto II". In: *A poesia dos inconfidentes*, 1996, p.51)

Aproximadas as imagens dos dois poemas, vemos que a relação entre os termos "cristalino/mansamente" (o rio português) e "turvo/ambição recreias" (o rio brasileiro) é sentida pelo poeta não apenas como distância entre idealização e realidade bruta, mas também como incompatibilidade entre valorização estética e identidade emotiva com o real. De fato, como nos mostra o

---

de literária e cultural às coisas de Portugal, reunindo tanto os elementos da terra como os sentimentos e as ações dos seus filhos ilustres.

3   Os poetas portugueses representavam os rios de sua terra sempre compostos de águas mansas e cristalinas.

"Prólogo ao leitor", a aceitação dos padrões poéticos instituídos não o impede de reconhecer sua dívida afetiva para com a terra:

> A desconsolação de não poder substabelecer aqui as delícias do Tejo, do Lima e do Mondego me fez entorpecer o engenho dentro do meu berço, mas nada bastou para deixar de confessar a seu respeito a maior paixão. Esta me persuadiu a invocar muitas vezes e a escrever a Fábula do Ribeirão do Carmo, rio o mais rico desta Capitania, que corre e dava o nome à Cidade Mariana, minha pátria, quando era Vila. (*A poesia dos inconfidentes*, 1996, p.47)[4]

Se, para um poeta árcade, afinidade estética e identidade com o real representavam forças antagônicas igualmente grandes, conhecendo as tendências poéticas atuantes em sua época, a clássica e a barroca, procura ele mostrar que estava integrado à primeira e que rejeitava a segunda:

> Bem creio que te não faltará que censurar nas minhas *Obras*, principalmente nas Pastoris, onde, preocupado da comum opinião, te não há de agradar a elegância de que são ornadas. Sem te apartares deste mesmo volume, encontrarás alguns lugares que te darão a conhecer como talvez me não é estranho o estilo simples, e que sei avaliar as melhores passagens de Teócrito, Virgílio, Sanazaro e dos nossos Miranda, Bernardes, Lobo, Camões etc. Pudera desculpar-me, dizendo que o gênio me fez propender mais para o sublime: mas, temendo que ainda neste me condenes o muito uso das metáforas, bastará, para te satisfazer, o lembrar-te que a maior parte destas Obras foram compostas ou em Coimbra, ou pouco depois, nos meus primeiros anos, tempo em que Portugal apenas principiava a melhorar de gosto nas belas letras. ("Prólogo ao leitor". In: *A poesia dos inconfidentes*, 1996, p.47-8)

Eis as alternâncias de fundo de onde Cláudio tira sua justificação para eximir-se da suposta influência barroca: imposição

---

4 Em relação ao termo *Pátria* e seu adjetivo "pátrio", indicam, nos autores da época, não os conceitos abstratos como "pátria" ou "nação", mas "a terra de nascimento". Peter Burke, estudando o surgimento da ideia de pertencer a uma coletividade de língua e território, refere-se a um humanista do início do

do "gênio" (sobre a "arte"); entusiasmo dos "primeiros anos" (sobre a razão e a maturidade do adulto, que eram os padrões para os clássicos); e a situação de Portugal, que "apenas principiava a melhorar de gosto nas belas letras" (alusão à passagem do barroco ao iluminismo e ao arcadismo).

Embora declare conhecer o estilo simples e os melhores autores (isto é, clássicos), reconhece que o leitor poderia condená-lo "pelo muito uso das metáforas" (ou seja, pela exuberante figuração barroca). E, concluindo o parágrafo, o poeta sintetiza a oscilação entre sua *consciência*, que sabe como e o que devia compor, e sua *ação*, que o leva a produzir uma poesia fora dos padrões ("clássicos") desejáveis:

> É infelicidade que haja de confessar que vejo e aprovo o melhor, mas sigo o contrário na execução. (ibidem, p.48)

Aliás, em todo o *Prólogo* perpassa uma dupla tensão: a) entre um saber poético e uma prática criativa divergentes; b) entre razão e emoção, expressando ambas a difícil conciliação da base cultural herdada com o emergente sentimento da terra, estado subjetivo que só teria pleno desenvolvimento no período romântico, quando se iria liberando do fator racional e dos modelos clássicos.

Interessante é que o aspecto emotivo, ao mesmo tempo em que distancia o poeta da razão estabelecida, aproxima-o da experiência viva, embora, nesse momento, ainda se mostre cheio de escrúpulos e não toque senão em raros fragmentos do real. É necessário lembrar que a mesma incompatibilidade entre "poesia" e "real bruto" ainda não incorporado pela cultura já surgira em poetas anteriores, opondo fortes resistências à aceitação da realidade como matéria de poesia.[5] Manuel Botelho de Oliveira,

---

século XIV, Coluccio Salutati, que se definia "um italiano por raça, um florentino por pátria" (*"gente Italicus, patria Florentinus"*). Ver Burke, 1995, p.96.

5 Se é verdade que os clássicos costumavam excluir o real da representação poética, por considerá-lo apenas tolerável nos gêneros cômico ou satírico,

na *Música do Parnasso* (1705), manifesta a ideia comum na época de que a condição "inculta" e "bárbara" da terra não favorecia nenhuma expectativa em relação às possibilidades de produção poética na Colônia:

> Nesta América, inculta habitação antigamente de bárbaros índios, mal se podia esperar que as Musas se fizessem brasileiras. (1953, t.I, p.3)

A resistência em admitir como poéticos aqueles elementos não previstos pelo código clássico mostra bem a força do condicionamento a que estavam submetidos os escritores coloniais. São esses limites que Cláudio tenta romper, movido por sua "maior paixão", compromisso afetivo que o fazia valorizar o solo em que nascera, embora tal reconhecimento encontre reduzido espaço no interior do poema. Na verdade, a incipiente experiência da terra ainda não tinha assumido formas simbólicas capazes de competir com os padrões culturais e poéticos recebidos e, como já referimos, especialmente valorizados por meio da educação.

---

com objetivos claramente éticos, não é menos verdade que por vezes encontramos neles um desconcertante realismo objetivista, como neste verso de Sá de Miranda, do século XVI: "O sol é grande, caem co'a calma as aves...", embora, neste caso, a objetividade do quadro não seja apenas enganosa, pois trata-se provavelmente de uma tarde de inverno ou outono (como aponta Rodrigues Lapa) e, como tal, passageira, mas também porque ela serve de pano de fundo para a ideia central do poema, que é a mudança e precariedade de todas as coisas, fato que responde à questão colocada nestes dois versos: "Ó cousas, todas vãs, todas mudáveis, / qual é o coração que em vós confiar?". Ver Miranda, 1942, p.318.

Mimese e tradição

Função dos modelos

Pensamentos e emoções transmitidos pela poesia clássica cristalizam-se em todo um conjunto de imagens e estruturas repetidas à exaustão por nossos poetas do período colonial. A mediação do poeta com seu leitor se dava basicamente de dois modos: 1. pela via do poema, quando este reproduzia as fontes, isto é, os grandes e famosos poetas do passado; 2. pela via do sistema educativo, na medida em que se utilizavam os mesmos exemplos e as mesmas bases culturais e estéticas vigentes nos países europeus. O leitor se reconhecia no poema, sintonizando sua sensibilidade na longa cadeia da tradição de que o poeta era o porta-voz e o continuador. Nesse contexto, o uso das imagens ganhava uma importância extraordinária como princípio estrutural que tornava possível a prática mimética, abrangendo os planos histórico-cultural, pedagógico e poético, e cujas formas mais típicas de manifestação eram o *modelo* e o *exemplo*. Botelho de Oliveira fala do "insigne Homero", do "famoso Virgílio", do "elegante Ovídio", do "delicioso Marino".

Na poesia da Colônia, a noção de imitação tinha um sentido amplo, compreendendo toda configuração de efeitos plásticos que pudesse ser reproduzida na sua peculiaridade: uma estrutura linguística, uma forma poética, um pensamento ou sentimento, um valor, uma noção de poema, de sua natureza e funções, uma imagem de poeta, de público, das forças criadoras (deuses, musas e ninfas), uma técnica poética etc., atestando (e ostentando) que o poeta seguia a tradição. Em geral, os poemas escritos no período colonial procuravam reproduzir não só a estrutura métrica, estrófica e rítmica de outro poema considerado modelo, mas também o tema e a própria atmosfera lírica ou épica, mesmo quando se aplicavam a desenvolver assuntos locais. Nesse sentido, podemos dizer que a poesia de raízes clássicas privilegiava o código sobre a mensagem, estimulando a reprodução dos seus poetas considerados modelos. É o caso deste conhecido poema de Gregório de Matos: "Discreta e formosíssima Maria", que funde dois poemas de Góngora: "Mientras por competir com tu cabello" (1582) e "Ilustre y hermosíssima Maria" (1583). Inicialmente, vejamos a composição de Gregório:

Discreta, e formosíssima Maria,
Enquanto estamos vendo a qualquer hora
Em tuas faces a rosada Aurora,
Em teus olhos, e boca o Sol, e o dia:

Enquanto com gentil descortesia
O ar, que fresco Adonis te namora,
Te espalha a rica trança voadora,
Quando vem passear-te pela fria:

Goza, goza da flor da mocidade,
Que o tempo trota a toda ligeireza,
E imprime em a toda flor sua pisada.

Oh não aguardes, que a madura idade,
Te converta essa flor, essa beleza
Em terra, em cinza, em pó, em sombra, em nada.

Em seguida, tomemos as matrizes do poeta espanhol:

Luis de Góngora [son. 228]

Mientras por competir con tu cabello,
oro bruñido el Sol relumbra en vano,
mientras con menosprecio en medio el llano
mira tu blanca frente al lilio bello;

mientras a cada labio, por cogello,
siguen más ojos que el clavel temprano,
y mientras triunfa con desdén lozano
de el luciente cristal tu gentil cuello;

goza cuello, cabello, labio y frente,
antes que lo que fue en tu edad dorada
oro, lilio, clavel, cristal luciente

no solo en plata o víola troncada
se vuelva, mas tú y ello juntamente
en tierra, en humo, en polvo, en sombra,
en nada.

Luis de Góngora [son. 235]

Ilustre y hermosísima María,
mientras se dejan ver a cualquier hora
en tus mejillas la rosada Aurora,
Febo en tus ojos y en tu frente el dia,

y mientras con gentil descortesía
mueve el viento la hebra voladora
que la Arabia en sus venas atesora
y el rico Tajo en sus arenas cría:

antes que de la edad Febo eclipsado,
y el claro día vuelto en noche obscura,
huya la Aurora de el mortal nublado;

antes que lo que hoy es rubio tesoro
venza a la blanca nieve su blancura,
goza, goza el color, la luz el oro.

Retomando os temas da brevidade da vida, da juventude e da beleza, tão caros ao barroco europeu, o poeta baiano seleciona dos poemas-fonte aqueles elementos que lhe parecem mais expressivos e os traduz ou recria – utilizando termos caros à crítica moderna –, sem jamais perder de vista a profunda unidade entre conteúdo e forma que presidia aos originais. Com isso opera sobre eles um verdadeiro trabalho de rasura, seleção e recombinação das imagens e ideias recebidas, resultando um poema novo, mas que deixa ver (ou exibe) as fontes de que proveio. Ficam assim conciliados a criatividade pessoal do poeta, em verdade menos importante no período, e os princípios contidos nos modelos anteriores.

Ao excluir os termos particularizantes: "Febo" (mitológico), "Arábia" e "Tajo" (geográficos), que ancoram os poemas-fonte na história e na cultura europeias, Gregório confere ao seu poema um campo semântico mais amplo, pois menos definido, possibilitando, assim, uma adequação e receptividade ao leitor de outro tempo e lugar, para quem aqueles elementos não eram familiares. Com isso temos a impressão, estilisticamente "moderna", de que nosso poeta levou às últimas consequências a tarefa de apropriação e recriação de sua fonte, atualizando a relação entre tema, forma e linguagem, como o discípulo atento e sensível que, ao aprender com competência a técnica do mestre, é capaz de reproduzi-la criativamente em sua própria obra.

Vejamos outro caso, talvez ainda mais interessante, dessa retomada do complexo expressivo (tema/forma/linguagem) e consequente recriação a partir de um poema-fonte. Trata-se do poema dedicado à Bahia, que Gregório vai buscar no poeta barroco português Francisco Rodrigues Lobo (1580-1622). Comparem-se os dois textos:

Francisco Rodrigues Lobo

Formoso Tejo meu, quão diferente
Te vejo e vi, me vês agora e viste:
Turvo te vejo a ti, tu a mim triste,
Claro te vi eu já, tu a mim contente.

A ti foi-te trocando a grossa enchente
A quem teu largo campo não resiste:
A mim trocou-me a vista em que consiste
O meu viver contente ou descontente.

Já que somos no mal participantes,
Sejamo-lo no bem. Oh! quem me dera
Que fôramos em tudo semelhantes!

Mas lá virá a fresca primavera:
Tu tornarás a ser quem eras de antes,
Eu não sei se serei quem de antes era.
(1940, p.83)

Gregório de Matos

Triste Bahia! oh quão dessemelhante
Estás, e estou do nosso antigo estado!
Pobre te vejo a ti, tu a mi empenhado,
Rica te vejo eu já, tu a mi abundante.

A ti tocou-te a máquina mercante,
Que em tua larga barra tem entrado,
A mim foi-me trocando, e tem trocado,
Tanto negócio, e tanto negociante.

Deste em dar tanto açúcar excelente
Pelas drogas inúteis, que abelhuda
Simples aceitas do sangaz Brichote.

Oh se quisera Deus, que de repente
Um dia amanheceras tão sisuda
Que fora de algodão o teu capote!
(1990, v.I, p.333)

Enquanto na transposição operada no poema anterior, mesmo eliminando alguns elementos particularizantes, Gregório conservava tanto a atmosfera como o referente temático de Gôngora, inclusive sua interlocutora (Maria), neste caso ele reaproveita basicamente apenas a estrutura, a métrica, o ritmo e as oposições sintático-semânticas do poema de Francisco Rodrigues Lobo. Se nos dois autores o jogo dos pronomes "tu/eu" sustenta a relação entre o tempo passado e o presente como lugares da tensa alternância entre "felicidade/infelicidade", relação, entretanto, que é desigual quer se trate da "natureza" ou do "ser humano", a primeira caminhando para a "renovação", o outro, para a "morte", na passagem do original para a recriação de Gregório o destinatário (Tejo) é substituído pela Bahia. Com essa troca, aparentemente simples, toda a relação entre forma e conteúdo se modifica: o tema da passagem do tempo desloca-se de uma perspectiva individual e solitária ("eu/Tejo", no poeta português) para uma abrangência sociocultural e econômica ("eu/Bahia", em Gregório).

Procedimentos como esses revelam toda a extração clássica do poeta baiano na medida em que ele recupera uma situação sentida como arquetípica e cuja força expressiva permanece válida através dos tempos. Mas, em verdade, o significado primeiro perde-se (ou é abandonado) no decorrer do processo, como se a forma ficasse livre de seu compromisso anterior e pudesse, por isso, ser aplicada a outros conteúdos.

Relação entre formas e temas

Embora a utilização das formas europeias para expressar temas locais tenha sido vista por alguns críticos como modo original que situaria o poeta baiano adiante de seu tempo, antecipando o desejo e a afirmação de nossa liberdade criativa, não se deve esquecer de que as matrizes satíricas do barroco, como mostrou à exaustão o trabalho de João Adolfo Hansen (1989) sobre a poesia de Gregório, compunham uma "combinatória de tópicas retóricas coletivizadas", não podendo ser atribuída exclusivamente ao gênio criativo particular do poeta, conceito que só no romantismo teria efetiva existência.

Desse modo, o suposto desvio temático operado em relação àqueles poemas de Camões, Rodrigues Lobo, Gôngora, Quevedo etc. ficaria extremamente relativizado, mesmo no caso da passagem do estilo elevado para o satírico, mais próximo dos temas locais (como recurso de rebaixamento do tema), pois ambos os estilos pertencem à mesma esfera ético-cultural que alimentara o movimento da Contrarreforma. Esse fato fica mais evidente quando sabemos que em todos os grandes moralistas barrocos as imagens edificantes do homem coexistiam com a vituperação satírica dos seus defeitos, e como se complementavam, em seu antagonismo de caráter pedagógico, as coisas espirituais e as materiais.

Em geral, a mudança de tom, o rebaixamento da forma elevada, abstrata, que se desloca para um conteúdo do real cotidiano, dão a impressão de que os poetas coloniais apresentam melhor desempenho naquelas composições em que conservam a mesma relação "conteúdo/forma" dos poemas-fonte. Isso certamente ocorre toda vez em que a apropriação da tradição poética e sua reprodução no novo mundo se fez a partir de conjuntos fechados, em que "tema e forma", "intuição e expressão", retomando a dicotomia estético-linguística de Croce,[1] mantiveram-se unidos na passagem das fontes europeias para suas reproduções nacionais.

Em maior ou menor grau, o descompasso entre esquemas formais clássicos e conteúdos "nacionais" estão na base das produções poéticas da Colônia: na *Prosopopeia* (1601), de Bento Teixeira Pinto; na *Ilha de Maré* (1705), de Manuel Botelho de Oliveira; na *Descrição da Ilha de Itaparica* (*Eustáquidos*, 1769), de Frei Manuel de Santa Maria Itaparica; no *Caramuru* (1781), de Santa Rita Durão; no *Uraguai* (1769), de Basílio da Gama; e

---

[1] "Toda verdadeira intuição ou representação é, ao mesmo tempo, expressão. O que não se objetiva em uma expressão não é intuição ou representação, mas sensação e naturalidade. O espírito não intui, senão fazendo, formando, expressando. Quem separa intuição de expressão não chega jamais a ligá-las" (1969, p.92).

em muitos outros, que reproduzem a estrutura, a linguagem e os elementos mitológicos das épicas clássicas, em particular de *Os lusíadas*, de Camões, sem todavia irem além da estrita nomeação das coisas da terra, pensando, com isso, estarem fazendo literatura brasileira. Fatos como esses forneceram a Machado de Assis, no século XIX (1873), as evidências para formular seu "princípio de nacionalidade":

> Não há dúvida que uma literatura, sobretudo uma literatura nascente, deve principalmente alimentar-se dos assuntos que lhe oferece a sua região; mas não estabeleçamos doutrinas tão absolutas que a empobreçam. O que se deve exigir do escritor antes de tudo, é certo sentimento íntimo, que o torne homem do seu tempo e do seu país, ainda quando trate de assuntos remotos no tempo e no espaço. (1962, v.III, p.804)

Longe estávamos, entretanto, dessa concepção machadiana, pela qual a identificação do nacional não se faz por marcas exteriores, como selos de garantia de sua autenticidade, mas internamente, como elementos que se fundem ao próprio tecido da representação, enraizando no tempo e no espaço a atividade autoral.

Embora com diferentes méritos, todos os nossos poetas coloniais pretenderam se mostrar capazes de reproduzir os modelos famosos. Quando buscavam tratar de temas locais utilizando formas do passado, as dificuldades cresciam em razão especialmente dos obstáculos que a poética da época opunha ao real como matéria "bruta" ainda não estilizada. Ao poeta se exigia permanecer estritamente no campo já delimitado pelos *topoi* clássicos.

Uma máscara arcádica

O funcionamento autônomo das formas poéticas como "prática retórica coletivizada",[2] apontada há pouco, transparece com

---
2 Ver Hansen, 1989.

sabor especial para nós em algumas obras como nas quintilhas que Silva Alvarenga dedica ao vice-rei Luiz de Vasconcellos e Souza. Nelas estão satirizados os procedimentos criativos tradicionais, em especial as fórmulas linguísticas e as imagens cristalizadas, ressaltando seu caráter artificial e repetitivo. O fragmento a seguir apresenta claramente a ideia do desnudamento operado pelo poeta na prática do tempo, que aparece como mistura de habilidade combinatória de um repertório de regras previamente estabelecidas e esperteza em se apropriar das soluções oferecidas pelos poetas de renome:

> Vamos pois a preparar,
> Que eu te darei as lições;
> Folheando no Camões,
> Bem podemos remendar
> Odes, sonetos, canções.
>
> Podemos fingir um sonho
> Por método tal e qual,
> Se o furto for natural,
> Eu dele não me envergonho,
> Todos furtam, bem ou mal.
>
> Se acaso a ode te agrada,
> Para aterrar teus rivais,
> Tece em versos desiguais,
> Crespa frase entortilhada,
> Palavras sesquipedais.
>
> Crepitantes, denodadas,
> Enchem bem de um verso as linhas,
> E eu me lembro que já tinhas
> N'outro tempo bem guardadas,
> Muitas destas palavrinhas
> (1864, t.I, p.222)

A força satírica do poema parece resultar da combinação de alguns efeitos de rebaixamento do vocabulário instituído pelas poéticas no nível do mundo material e sensível: a ideia de imitação é designada de "furto"; o ato de compor o poema aparece como "remendar"; sobre o fato de os vocábulos se ajustarem ao verso, o poeta diz que eles "enchem" suas "linhas"; a frase é "crespa" e "entortilhada" e as palavras são "sesquipedais".

A desqualificação do estilo poético padrão se completa pelo exagero ou impropriedade de alguns termos beirando a ironias nada sutis: ao referir-se às palavras poéticas previamente armazenadas, as chama de "crepitantes, denodadas", e, para a ideia de enfrentamento dos adversários, fala em "aterrar teus rivais". E para que não restem dúvidas sobre o sentido desses recursos, Silva Alvarenga os "legitima", inclusive aquilo que aponta como "furto", desde que seja "natural", argumento este reforçado com a constatação generalizadora de que "todos furtam, bem ou mal".

É verdade que esses versos, em vez de pura crítica aos artifícios criativos, podem ser entendidos também como um libelo dirigido apenas aos "maus" poetas, especialmente os barrocos ou aqueles árcades que não conseguiam manter-se no estrito caminho da "simplicidade", deslizando ambos para o abuso da linguagem metafórica e enigmática.

Essa leitura se justifica no contexto da produção do poeta quando se sabe que foi o mesmo Silva Alvarenga quem escreveu a *Epístola II* (1764), dedicada a Basílio da Gama, na qual retoma, em estilo sério e tom normativo, todos os ensinamentos da *Arte poética* de Horácio, como se pode constatar por estes versos iniciais:

> Gênio fecundo e raro, que com polidos versos
> A natureza pintas em quadros mil diversos:
> Que sabes agradar, e ensinas por seu turno
> A língua, que convém ao trágico coturno:
> Teu Pégaso não voa furioso, e desbocado
> A lançar-se das nuvens no mar precipitado,
> Nem pisa humilde o pó; mas por um nobre meio
> Sente a doirada espora, conhece a mão, e o freio:
> (1864, t.I, p.289)

Note-se que a valorização das propriedades do estilo, isto é, o que convém a cada gênero, exige ao mesmo tempo o conhecimento e o controle dos meios criativos, bem como dos seus limites ("sabes agradar, e ensinas"/ "conhece a mão, e o freio"). E logo adiante o poeta nomeia o perigo a ser contornado, ou seja, o barroco espanhol: "Tu sabes evitar se um tronco, ou jaspe animas / Do sombrio Hespanhol os góticos enigmas".

Voltaremos a esses poemas quando estudarmos as poéticas coloniais. Por ora, basta lembrar que eles reafirmam a absorção e a prática dos modelos tradicionais, mimetizando não apenas os temas e as formas, mas também as imagens, as figuras mitológicas e os recursos retóricos. Ao proclamarem a necessidade do espontâneo e do natural no ato criativo, estão preocupados com os efeitos de verossimilhança diante do leitor, e é em nome deste princípio visceralmente clássico que criticam o barroco. Quanto ao confronto entre os antigos e os modernos, a verdade é que não encontramos, na literatura brasileira do período, nada semelhante às acaloradas discussões e teorizações havidas no âmbito da literatura francesa desde o século XVII, nem, mais próximo de nós, no arcadismo português, como vemos na Sátira II de Correia Garção:

Sobre a imitação dos antigos

Não posso, amável Conde, sujeitar-me
A que às cegas se imitem os antigos;
Quero dizer, aqueles Portugueses,
A que hoje chamamos *quinhentistas*:
O bom Sá, bom Ferreira, o bom Bernardes,
Foram grandes poetas; qualquer deles
Foi discreto, e foi sábio; enfim as Musas
Lhe embalaram o berço, e lhe cobriram
Com murta, e com loureiro a sepultura,
Mas nem por isso os pobres escaparam
À culpa original; tem suas faltas,
Tem seus altos e baixos, tem sedeiros,

Onde dá c'os focinhos um pedante,
Que vá por onde for, há de segui-los,
Que há de furtar-lhe tudo quanto dizem;
E seja bom, ou mau, isso que importa?
(1888, p.238)

As fontes da poesia

A longa cadeia da tradição poética

Tributária das teorias clássicas, a poesia brasileira colonial reproduz-lhes também as fontes criadoras/inspiradoras. A primeira constatação digna de nota é que coexistem dois polos aparentemente antitéticos. Por um lado, estimula-se o trabalho sistemático do poeta apoiado na razão e no conjunto de normas e regras estabelecidas pelos grandes autores e teóricos da poesia, vertente esta que dá continuidade às raízes retóricas cujos melhores exemplos são as artes poéticas tradicionais, de Aristóteles, de Horácio, de Boileau (1674), de Pope (1709),[1] de Luzán (1737), de Cândido Lusitano (1748) etc. Por outro, opera-se o deslocamento das fontes da poesia para fora da ação consciente do poeta, caso em que ele seria apenas instrumento de forças ou agentes exteriores, sobretudo divinos (conforme sustentavam

---

1 Há tradução do *Ensaio sobre a crítica*, de Alexandre Pope, realizada pelo Conde de Aguiar no Rio de Janeiro (1810).

Demócrito[2] e Platão[3]). Esta última tendência, motivo pelo qual na Antiguidade os poetas eram ou excluídos da civilização, por sua irracionalidade, ou adorados, por seus atributos divinos capazes de desvendar zonas menos claras do mundo humano, agora se integra às convenções, perdendo sua anterior conotação contraditória. Como convenção ela se reconcilia com o estatuto retórico do processo criativo e se desdobra em toda uma gama de variantes, em que as fontes inspiradoras assumem formas de seres sobre-humanos: deuses, musas ou figuras mitológicas; certos tipos humanos (personalidades históricas importantes); a amada ou o próprio poeta sob as figuras do pastor ou do amante; personificações como o amor, cupido, a natureza, o destino; instrumentos musicais como a lira, a harpa etc.

Em todos esses casos, o que fica evidente é que, para a reflexão poética, a poesia devia ter um agente, embora metafórica ou metonimicamente deslocado para o que poderíamos denominar de projeções do poeta, isto é, formas plásticas ou imagens que representavam forças inspiradoras equivalentes à noção de "causa eficiente" na antiga teoria aristotélica, como uma das quatro condições necessárias para a existência lógica do ser.[4]

Devemos lembrar, contudo, que, acima da relação própria de causa e efeito, a aparente desimportância do poeta atendia à imposição do topos retórico que aconselhava a modéstia – Curtius, em *Literatura europeia e Idade Média latina*, fala de "modéstia

---

[2] Horácio refere-se de forma caricata à preferência de Demócrito pelo gênio (em vez do poeta de juízo), imaginando-o descuidado da aparência pessoal, com unhas, barba e cabelos por fazer e vivendo longe do convívio social (*AP.*, v.295).

[3] Platão (*Ion*) negava ao poeta a posse de uma "arte" como conjunto de regras que se fundam num conhecimento racional e científico. Pelo contrário, atribuía-lhe um dom divino, espécie de entusiasmo ou delírio que recebiam dos deuses.

[4] Aristóteles (*Metafísica*, I, 3, 983) enumera quatro causas do ser: causa formal (sua estrutura), causa material (a matéria de que é feito), causa final (o fim a que visa) e causa eficiente (o que o produz).

afetada" –, uma das virtudes do cidadão, como meio de mostrar merecimento e, assim, obter benevolência do público. Mas essa virtude individual se combinava com outra, de dimensão social e política, pela qual as grandes tarefas exigem sempre esforço sobre-humano, tal como se encenava no canto épico. No fundo, as duas esferas, a do domínio pela técnica (*poética*) e a do merecimento pela modéstia (*ética*), combinavam-se na cultura tradicional, tendo sido reelaboradas pela produção poética da Colônia.

Como dádiva, a poesia era considerada doação de um ser todo-poderoso que tinha acesso à essência das coisas, vedada aos homens comuns. Daí a necessidade de se invocarem as divindades e também os seres humanos, que, por suas qualidades e ações especiais, transcendiam ao comum dos mortais. Membro da ordem social, a missão do poeta era, pois, cantar, por inspiração dos deuses e das musas, a ação daqueles grandes homens (os heróis). Daí a utilização frequente da poesia como material educativo.

Como os épicos do passado, nossos poetas coloniais esperavam também ingressar no estreito círculo dos artistas famosos. E a fama era o maior dos prêmios a que se poderia aspirar, pois significava transcender do plano individual e terreno para o plano público, e especialmente ganhar a imortalidade.

O primeiro poema épico escrito no Brasil que apresenta o recurso retórico da invocação, pela qual se ativavam as fontes da poesia, foi a *Prosopopeia* (1601), de Teixeira Pinto. Decalcado na épica camoniana, da qual reproduz apenas uma pálida imagem sintático-estrófica, o poema invoca o Deus cristão: "Aquele chamo só, de quem espero / A vida que se espera em fim de tudo", em lugar das musas pagãs: "As Délficas irmãs chamar não quero, / Que tal invocação é vão estudo". Mas essa substituição dos deuses mitológicos pelo Deus cristão, que poderia ser creditada ao poeta, já a tinham realizado tanto a poesia medieval como Torquato Tasso com sua *Jerusalém libertada* (1575), precedência histórica, aliás, que os parcos recursos criativos de Bento Teixeira não conseguiram superar.

Embora condene a mitologia como "vão estudo", na verdade, além de povoar seu poema das figuras mitológicas, melhor dizendo, de seus esquemas puramente retóricos, reproduz ainda os modelos da invocação épica tradicional, deixando transparecer, sob a face da modéstia, o mesmo desejo de superar os poetas que o precederam, representados pelo universo da "Lácia e Grega lira". Ressalte-se que esse *topos* de "vaidade poética" não se opõe, mas convive com o *topos* de modéstia, referido há pouco. De qualquer modo, a ajuda divina, quer seja a cristã ou a mitológica, faz parte de um processo mais amplo que reflete a relação hierárquica própria ao sistema colonial, a que se integra também o "favor" que o poeta espera de seu homenageado, Jorge de Albuquerque Coelho, governador de Pernambuco, como vemos desde o "Prólogo":

> querendo debuxar com obstardo pincel de meu engenho a viva Imagem da vida e feitos memoráveis de vossa mercê, quis primeiro fazer este rascunho, para depois, sendo-me concedido por vossa mercê, ir muito particularmente pintando os membros desta Imagem, se não me faltar a tinta do favor de vossa mercê, a quem peço, humildemente, receba minhas Rimas, por serem as primícias com que tento servi-lo. E porque entendo que as aceitará com aquela benevolência e brandura natural, que costuma, respeitando mais a pureza do ânimo que a vileza do presente, não me fica mais que desejar, se não ver a vida de vossa mercê aumentada e estado prosperado, como todos os seus súditos desejamos.

Um século depois, Manoel Botelho de Oliveira, na dedicatória da *Música do Parnasso* (1705), conquanto reconheça que "Nesta América, inculta habitação antigamente de bárbaros índios, mal se podia esperar que as Musas se fizessem brasileiras", resolve-se a cantar, não sem antes vestir a mesma capa da humildade retórica diante, ao mesmo tempo, da insegurança no próprio valor, do temor dos críticos e da reverência devida a seu homenageado:

> encolhido em minha desconfiança, e temeroso de minha insuficiência, me pareceu logo preciso valer-me de algum herói, que me alentasse em tão justo temor, e me segurasse em tão racionável receio, para que nem a obra fosse alvo de calúnias, nem seu autor despojo de Zoilos, cuja malícia costuma tiranizar a ambos, mais por impulso da inveja, que por arbítrio da razão: para segurança pois destes perigos solicito o amparo de Vossa Excelência, em quem venero relevantes prerrogativas para semelhante patrocínio; por que se é próprio de príncipes o amparar a quem os busca, Vossa Excelência o é não menos na generosidade de seu ânimo, que na regalia de seu sangue, com cuja tinta trasladou em Vossa Excelência a natureza o exemplar das heróicas prendas de seus ilustríssimos progenitores...

No contexto dessa dedicatória podemos notar uma interessante analogia estabelecida por Botelho de Oliveira entre o sistema poético, por um lado, desde os gregos, passando pelos italianos, espanhóis e portugueses, até chegar ao Brasil de seu tempo, formando uma espécie de família poética; e, por outro, um sistema que reúne o divino, o cósmico e o político, pelo qual faz confundir, por exemplo, Deus, o Sol e o soberano, já que os três participam da mesma fonte do bem supremo a ser distribuído, respectivamente, ao homem, à natureza e ao súdito.

Os épicos árcades usarão também o procedimento. Basílio da Gama (*O Uraguay*, 1769) invoca a musa para que, juntos, honrassem o "herói" do poema (o Marquês de Pombal). Seu tema é o ataque às missões jesuíticas dos Sete Povos, no Rio Grande do Sul e banda oriental do Uruguai. Num primeiro plano, falam mais alto a formação cultural portuguesa e a obediência de súdito fiel à Metrópole do que sua origem americana:

> Musa, honremos o Herói, que o povo rude
> Subjugou do Uraguay, e no seu sangue
> Dos decretos reais lavou a afronta.
> (1941, I, 6-8, p.1)

Note-se que, além dos recursos retórico-poéticos usados para invocar o auxílio de deuses e musas, a poética tradicional fornecia ainda as fórmulas para expressar a relação de mecenato e vassalagem coloniais. Pertencendo à estirpe dos heróis, era natural que o homenageado participasse dos poderes divinos, o que leva o poeta a buscar também o seu auxílio:

> Herói, e Irmão de Heróis, saudosa, e triste,
> Se ao longe a vossa América vos lembra,
> Protegei os meus versos.
> (ibidem, I, 12-14, p.2)

Santa Rita Durão (*Caramuru*, 1781), menos criativo que Basílo e mais dócil do que este ao modelo da épica camoniana – a que faz referência nas "Reflexões prévias e argumento": "Os sucessos do Brasil não mereciam menos um Poema que os da Índia" (1945, p.11) –, utiliza os mesmos lugares-comuns retóricos, primeiro expressando o desejo de igualar-se a *Os lusíadas*, depois, invocando a ajuda da divindade para seu poema, que chama de "grande obra": "Santo Esplendor, que do Grão Padre manas / ... / Faze que em ti comece e em ti conclua / Esta grande obra, que por fim foi tua" (ibidem, II, 1-8, p.19).

As múltiplas faces da lírica

Na lírica, por sua própria natureza instrospectiva, pois o poeta fala por si e de si, o leque de imagens que refletem a figura do poeta é maior e mais variado que na épica. Ele pode invocar a amada, identificando-a com a musa inspiradora, os astros, o jardim, as flores, o amor (*o cego deus*) etc., como na série das "Rimas portuguesas", de Manuel Botelho de Oliveira (*Música do Parnasso*, 1705) em que os temas, os torneios lógico-sintáticos e a concepção geral são tributários da poesia barroco-renascentista. Vejamos dois de seus poemas:

| *ANARDA INVOCADA* | *É PERSUADE A ANARDA QUE AME* |

Invoco agora Anarda lastimado
Do venturoso, esquivo sentimento:
Que, quem motiva as ânsias do tormento,
É bem que explique as queixas do cuidado.

Melhor Musa será no verso amado,
Dando para favor do sábio intento
Por Hipocrene o lagrimoso alento,
E por louro o cabelo venerado.

Se a gentil fermosura em seus primores
Toda ornada de flores se avalia,
Se tem como harmonia seus candores;

Bem pode dar agora Anarda impia
A meu rude discurso cultas flores,
A meu plectro feliz doce harmonia.

Anarda vê na estrela, que em piedoso
Vital influxo move amor querido,
Adverte no jasmim, que embranquecido
Cândida fé publica de amoroso.

Considera no sol, que luminoso
Ama o jardim de flores guarnecido;
Na rosa adverte, que em coral florido
De Vênus veste o nácar lastimoso.

Anarda pois, não queiras arrogante
Com desdém singular de rigorosa
As armas desprezar do deus triunfante:

Como de amor te livras poderosa,
Se em teu gesto florido e rutilante
És estrela, és jasmim, és sol, és rosa?

Observamos nesses poemas um dos procedimentos típicos do barroco: a progressiva identificação entre seres e instâncias diferentes. No primeiro poema, o objeto do amor (Anarda) assume, ao mesmo tempo, dimensões humanas (amada), poéticas (musa) e éticas (por seu dever de amar), razões pelas quais ela é instada a "explicar" os motivos do tormento do poeta, já que é sua causa,[5] isto é, a relação amorosa, expressa como invocação: "Invoco agora Anarda..." deixa transparecer tanto os compromissos do amor como os da poesia, pois, seja como amada seja como musa, ela deveria amparar o poeta. No segundo poema, espécie de detalhe ampliado do primeiro, o poeta insta a amada a observar como a natureza distribui seus dons amorosos: na estrela: "Vital influxo move amor querido"; o jasmim: "Cândida fé publica de amoroso"; o Sol: "Ama o jardim de flores guarnecido" etc., configurando as várias implicações a que está sujeito o amor, de acordo com ideias que vinham desde a Idade Média

---

5 Sérgio Buarque de Holanda liga o vocabulário erótico da tópica setecentista e rococó, em expressões como "tirano" ou "fero", referidas aos rigores da amada, aos melodramas metastasianos (1991, p.199-200).

e identificavam a beleza, a razão e o amor como fontes da harmonia que rege o mundo, tal como aparece, por exemplo, na *Consolação da filosofia*, de Boécio (480-524), ou no fim de *A divina comédia*, quando Dante (1265-1321) fala no *"Amor che move il sol e l'altre stelle"* (apud Bruyne, 1958, v.I, p.18-9), chegando ao Renascimento, na versão do amor platônico imortalizado por Camões:

> Transforma-se o amador na coisa amada,
> Por virtude de muito imaginar;
> Não tenho logo mais que desejar,
> Pois em mim tenho a parte desejada.

No arcadismo, a função de agente da poesia é representada especialmente pelas figuras do *pastor*, das *ninfas* e *musas*, encarnações de uma natureza ideal que vêm da poesia antiga (Teócrito, Virgílio, Horácio, entre outros). Cláudio Manuel da Costa, em consonância com essas fontes, pinta de cores vivas o quadro bucólico onde ele próprio é o pastor que convive com seus parceiros árcades. Ao contrário do barroco Manuel Botelho de Oliveira, Cláudio já não identifica um responsável por seu sofrimento, que revela uma dimensão emocional e estética. Seus males são quase sem causa nem motivo, espécie de suave solidão que anteciparia uma sensibilidade quase romântica, se o poeta não os dividisse com o cenário de ninfas, campos, troncos, álamos, relvas e rebanhos, retirando de seus próprios infortúnios a capacidade de consolá-los:

> Sou pastor, não te nego; os meus montados
> São esses, que aí vês; vivo contente
> Ao trazer entre a relva florescente
> A doce companhia dos meus gados:
>
> Ali me ouvem os troncos namorados,
> Em que se transformou a antiga gente,
> Qualquer deles o seu estrago sente,
> Como eu sinto também os meus cuidados.

> Vós, ó troncos (lhes digo), que algum dia
> Firmes vos contemplastes, e seguros
> Nos braços de uma bela companhia,
>
> Consolai-vos comigo, ó troncos duros,
> Que eu alegre algum tempo assim me via,
> E hoje os tratos de Amor choro perjuros.

A própria figura do pastor cumpre a missão de estreitar as relações entre o poeta e a natureza, daí a analogia bem barroca, como muitas de Cláudio: "troncos namorados / troncos duros / Que eu alegre algum tempo... / hoje... choro", estabelecendo equivalências entre os troncos (namorados/duros) e o poeta (alegre/choro). Poeta, pastor e natureza são termos equivalentes e intercambiáveis, pois constituem objetivações estéticas com que os árcades representavam a relação utópica entre o eu e o mundo.

Cláudio vai buscar suas ninfas na realidade poética idealizada dos rios portugueses: *"A vós, canoras Ninfas, que no amado / Berço viveis do plácido Mondego, / Que sois da minha lira doce emprego, / Inda quando de vós mais apartado"*. E essa identificação leva o poeta a expressar o desejo de ver também o "pátrio Rio" cantado por aquelas musas, de que ele seria o agente: *"A vós do pátrio Rio em vão cantado / O sucesso infeliz eu vos entrego"*.

Como isso não é possível, sua frustração se transfere para os rios da terra. Postos a dialogar com os rios portugueses, eles ora reconhecem sua "inferioridade", nascida da ausência dos atributos poéticos (o tom *cristalino* e o deslizar *mansamente* das águas) ora sentem o desprezo daquelas ninfas por causa do aspecto *turvo* e *feio* que eles apresentam. Vejam-se estes fragmentos da "Fábula de Ribeirão do Carmo":

> *Vede a história infeliz, que Amor ordena,*
> *Jamais de Fauno, ou de Pastor ouvida,*
> *Jamais cantada na silvestre avena.*
> (...)

> Competir não pretendo
> Contigo, ó cristalino
> Tejo, que mansamente vais correndo:
> (...)
>
> As Ninfas generosas,
> Que em tuas praias giram,
> Ó plácido Mondego, rigorosas,
> De ouvir-me se retiram,
> (...)
>
> Não se escuta a harmonia
> Da temperada avena
> Nas margens minhas, que a fatal porfia
> Da humana sede ordena
> Se atenda apenas o ruído horrendo
> Do tosco ferro, que me vai rompendo.

A nostalgia de uma natureza poética idealizada persegue a imaginação do poeta, contrastando com as "fingidas Ninfas destes rios", como confessara Cláudio no "Prólogo" de suas poesias. As imagens assimiladas pela via da poesia arcádica europeia atravessam a superfície do real brasileiro e manifestam sua própria ausência.

Se em Cláudio as projeções do poeta nas figuras do *pastor* se fazem em nome de uma relação conflituosa entre "idealização poética", assimilada pelas formas tradicionais, e "realidade não poética", ligada à afetividade concreta do poeta; em Tomás Antônio Gonzaga a imagem do poeta-pastor se personaliza na figura do *amante*. Enquanto no primeiro temos a relação *poeta/* pastor, no segundo encontramos *poeta/pastor/amante*, recuperando, especialmente em alguns momentos mais tensos, a figura humana que se esconde sob a imagem literária do poeta. Na verdade, a figura do pastor, máscara arcádica por excelência, se desdobra na poesia de Gonzaga em numerosas outras, contrastando com a simplicidade convencional do gênero: o *proprietário rural*, o *homem educado*, o *músico campestre*, o *cantor*, o *compositor* etc., revelando seu caráter aristocrático de base clássica.

Os símbolos do *poder*, do *ser* e do *ter* cumprem a função retórica de acentuar a condição social do poeta, valorizando, desse modo, o desprendimento em relação aos bens materiais (outro *topos* clássico) que sustenta seu amor, como vemos em Marília de Dirceu (1792): "É bom, minha Marília, é bom ser dono / de um rebanho, que cubra monte e prado; / porém, gentil pastora, o teu agrado / vale mais que um rebanho e mais que um trono" (1961, pt.I, lira 1). Por outro lado, às posses materiais juntam-se predicados artísticos e espirituais: o de músico instrumentista, o de cantor e compositor: "Com tal destreza toco a sanfoninha, / que inveja até me tem o próprio Alceste: / ao som dela concerto a voz celeste / nem canto letra, que não seja minha" (ibidem, loc. cit.). Nem lhe falta o dom de poeta-pintor, segundo o preceito horaciano do *ut pictura poesis*, embora a pintura de sua amada exija mais que simples cores terrestres:

> Vou retratar a Marília,
> a Marília, meus amores;
> porém como? se eu não vejo
> quem me empreste as finas cores:
> dar-mas a terra não pode;
> não, que a sua cor mimosa
> vence o lírio, vence a rosa,
> o jasmim e as outras flores.
>   Ah! socorre, Amor, socorre
> ao mais grato empenho meu!
> Voa sobre os astros, voa,
> traze-me as tintas do céu.
> (ibidem, pt.I, lira 7)[6]

---

6 Essa busca da ajuda divina constitui uma variante lírica da invocação épica, processo retórico pelo qual toda a tradição clássica, desde Platão, passando por Petrarca, Camões, Dante, Cervantes etc., desqualificou as coisas terrenas. Se, num primeiro momento, buscar as "tintas do céu" representa uma forma

Na verdade, pintura e música são como que instrumentos do poeta, extensões de sua própria atividade criativa.[7] Se a primeira empresta sua antiga função mimética à poesia, a segunda lembra sua origem lírica comum. Em ambos os casos ficam preservadas as ligações com as bases clássicas da poesia, ressaltando, contudo, que, em Gonzaga, como já ocorria em Cláudio, a degradação, a perda ou a deterioração das imagens e cores funcionam como símbolos negativos que configuram a situação conflituosa em que vivem.

O poema está repleto de descrições que dão forma e colorido às coisas, não apenas aquelas para as quais a poética árcade já continha um repertório de soluções cristalizadas, mas também as que mostram aspectos ligados à situação concreta do poeta, que recebem o mesmo tratamento metafórico e plástico das demais. Vejamos algumas delas:

- o ambiente convencional da natureza árcade sugerindo a passagem do tempo, mas cuja função principal é indicar a transformação do poeta: "Aqui um regato / corria sereno / por margens cobertas / de flores e feno; / à esquerda se erguia / um bosque fechado, / e o tempo apressado, / que nada respeita, / já tudo mudou. / São estes os sítios? / São estes; mas eu / o mesmo não sou.[8] / Marília, tu chamas? / Espera, que eu vou" (ibidem, pt.I, lira 5).

---

hiperbólica de enaltecer os dotes da amada, num segundo momento, o poeta vai além: "Só no céu achar-se podem / tais belezas como aquelas / que Marília tem nos olhos, / e que tem nas faces belas; / mas às faces graciosas, / aos negros olhos, que matam, / não imitam, não retratam / nem auroras nem estrelas", e, antes, na lira 2: "Tem redonda a lisa testa, / arqueadas sobrancelhas, / a voz meiga, a vista honesta, / e seus olhos são uns sóis. / Aqui vence Amor ao Céu: / que no dia luminoso / o Céu tem um sol formoso, / e o travesso Amor tem dois".

7   As bases pictóricas e musicais da poesia atravessam tanto o barroco como o arcadismo. No primeiro, configurando uma tendência plástica e sensorial; no segundo, atestando sua antiga origem bucólica e pastoril.

8   O tema da inexorável fugacidade do tempo atravessa praticamente todas as estéticas, desde Camões ("Mudam-se os tempos, mudam-se as vontades"),

- a imagem tradicional do deus do amor: "Pintam, Marília, os poetas / a um menino vendado, / com uma aljava de setas, / arco empunhado na mão; ligeiras asas nos ombros, / o tenro corpo despido, / e de Amor ou de Cupido / são os nomes, que lhe dão" (ibidem, pt.I, lira 2).[9]

- a alegoria que personifica a justiça: "Eu vejo aquela deusa, / Astréia pelos sábios nomeada; / traz nos olhos a venda, / balança numa mão, na outra espada. / O vê-la não me causa um leve abalo, / mas antes, atrevido, / eu a vou procurar e assim lhe falo" (ibidem, pt.II, lira 38).

- a própria adjetivação do poema vai colorindo todas as coisas: "brancas ovelhinhas", faces "cor de neve", cabelos "cor da negra noite" etc., e, quando a sorte do poeta descaminha, é ainda com elementos coloridos que se autorretrata: "Já, já me vai, Marília, branquejando / loiro cabelo, que circula a testa; / este mesmo, que alveja, vai caindo, / e pouco já me resta" (ibidem, pt.II, lira 4).

- acusado de integrar a Inconfidência Mineira, não abandona nem a postura nem os recursos pictóricos árcades: "Já não cinjo de loiro a minha testa, / nem sonoras Canções o deus me inspira. / Ah! que nem me resta / uma já quebrada lira, / mal sonora Lira!" (ibidem, pt.II, lira 1).

- mesmo os traços concretos da prisão, isto é, as manchas nas paredes úmidas, assumem formas metafóricas, como "pinturas" que sugerem a situação desesperada do poeta: "A fumaça, Marília, da candeia, / que a molhada parede ou suja ou pinta, / bem que tosca e feia, / agora me pode / ministrar a tinta" (ibidem, loc. cit.).

Francisco Rodrigues Lobo ("Formoso Tejo meu, quão diferente"), até os nossos populares "Soneto de Natal", de Machado de Assis, e "As pombas", de Raimundo Correa.

9 No decorrer do poema a figura de Cupido vai se transformando até se revelar na própria imagem da amada do poeta: "Tu, Marília, agora vendo / de Amor o lindo retrato, / contigo estarás dizendo / que é este o retrato teu. / Sim, Marília, a cópia é tua, / que Cupido é deus suposto: / se há Cupido, é só teu rosto, / que ele foi quem me venceu".

As sugestões musicais não se restringem aos temas, mas se manifestam também nas variações métricas e estróficas, nos torneios sintáticos, na presença ou ausência de refrão e nas próprias imagens do poema. Tudo aparece sob uma perspectiva sonora e rítmica: "o som dos versos", "a sonorosa lira", "o sonoro Anacreonte", "o ledo canto", as "cordas d'ouro", as "doces canções", o "som que cantou Homero, / cantou Virgílio" etc.

Também Gregório de Matos se valia de elementos pictóricos e musicais. Mas, enquanto na *Marília* eles estão a serviço de uma poesia de tom sério, em Gregório integram a função corrosível da sátira, como nesta caricatura de Antônio Luís da Câmara Coutinho, governador da Bahia: "Não pinto as faltas, / dos olhos baios, / que versos raios / nunca ferem senão / a coisas altas" (1990, v.I, p.83). Ou no soneto "A um Fulano da Silva, excelente cantor, ou poeta", no qual música e pintura se unem para compor um retrato paródico-irônico que subverte o símbolo tradicional da poesia lírica encarnada no poeta-músico Orfeu. O governador é reduzido à figura anônima de "Fulano da Silva", composição em que o sobrenome (da Silva) sofre um processo de apagamento de sua face própria (Fulano). No corpo do poema, Gregório transforma-o em "Silva Arião", mistura de ser humano e entidade mítica que, ao contrário do Orfeu original, perde exatamente suas maiores virtudes, isto é, a voz e o canto, reduzindo-se ao silêncio:

> Tomas a Lira, Orfeu divino, tá
> A lira larga de vencido, que
> Canoros pasmos te prevejo, se
> Cadências deste Apolo ouviras cá.
>
> Vivas as pedras nessas brenhas lá
> Mover fizeste, mas que é nada vê:
> Porque este Apolo em contrapondo o ré
> Deixa em teu canto dissonante o fá.
>
> Bem podes, Orfeu, já por nada dar
> A Lira, que nos astros se te pôs
> Porque não tinha entre os dous Pólos par.

> Pois o Silva Arião da nossa foz
> Dessas sereias músicas do mar
> Suspende os cantos, e emudece a voz.
> (1990, v.I, p.544-5)

Em outro poema, como é comum em Gregório formar a imagem degradante do ser humano a partir de seres desprezíveis, o poeta faz referência a "um letrado de Pernambuco, que presumia de muito saber", chamando-o de "mosquito que cantas" (1945, v.I, p.284).

Ainda dentro da prática pictórica vigente na poesia colonial, encontramos alguns exemplos interessantes em Manuel Botelho de Oliveira (*Música do Parnasso*, 1705). Ele costuma utilizar a noção de "primavera" – na verdade, a primavera europeia, que vai de março a junho – como espécie de pintor da natureza, por analogia com a função descritiva do poeta, resultando num jogo bem barroco de imagens e aspectos sensoriais que confundem seres de naturezas diferentes, como se houvesse entre eles continuidade de colorido ou forma ("pintor Maio luzido /... / Maio pintor alegre..."):

> Pintor Maio luzido
> Em diversos primores
> Tantas tintas mistura, quantas cores;
> Sendo do lindo Maio
> Pincel valente o matutino raio;
> E em quadros repartida
> A pintura florida,
> Maio pintor alegre, em cópias tantas
> De flores quadros faz, sombra das plantas.
> (1953, t.I, canção IV, p.117)

Constituindo um *topos* na poesia colonial, a relação entre pintura e música pode ser encontrada também na poesia épica. Em Frei Manuel de Santa Maria Itaparica ela serve ao projeto comum de exaltar a terra: "Cantar procuro, descrever intento / Em um heróico verso, e sonoroso. / Aquela, que me deu o nascimento / Pátria feliz, que tive por ditoso" (Descrição da Ilha de Itaparica); em Santa Rita Durão reflete o modelo retórico da invocação: "Dai, portanto, senhor, potente impulso, / Com que possa entoar sonoro o metro / Da brasílica gente o invicto pulso, / Que aumenta tanto império ao vosso cetro" (*Caramuru*); em Silva Alvarenga reveste a elogiosa dedicatória a seu confrade árcade, Basílio da Gama: "Gênio fecundo e raro, que com polidos versos / A natureza pintas em quadros mil diversos" (*Epístola II*); em Basílio (*O Uraguai*, 1769), expressa a simbiose emotiva operada no poema entre três instâncias criativas: a divina ("o artífice famoso"), a do nume da terra ("Gênio da inculta América") e a do dom poético ("o furor", "meu canto", "minha lira"):

> Na abóbada o artífice famoso
> Pintara... mas que intento! as roucas vozes
> Seguir não podem do pincel os rasgos.
> Gênio da inculta América, que inspiras
> A meu peito o furor, que me transporta,
> Tu me levanta nas seguras asas.
> Serás em paga ouvido no meu canto.
> E te prometo, que pendente um dia
> Adorne a minha lira os teus altares.
> (1941, IV)

O poeta inventa sua terra

Em verdade, as fontes produtoras da poesia colonial são mais que imagens ou temas propriamente ditos, pois condicionam a própria representação da realidade como objeto do poema. Entre o poeta e os seres criados por ele vigora uma solidariedade temática e formal. O mesmo princípio formador rege as figuras do eu poético e as imagens do real. É por isso que Cláudio Manuel da Costa capta o "desejo" dos rios brasileiros simbolizado no Ribeirão do Carmo, bem como a "ausência" das figuras tutelares dos rios árcades europeus, figuras que expressam sentimentos de tal modo condicionados pela tradição poética que chega a transparecer através de uma simples e "inocente" constatação negativa: "Não vês nas tuas margens o sombrio, / Fresco assento de um álamo copado; / Não vês ninfa cantar, pastar o gado / Na tarde clara do calmoso estio".

O mesmo impulso e as mesmas soluções retóricas movem Basílio da Gama quando exorta seu poema *O Uraguai* (1769): "Serás lido Uraguay... / Vai aos bosques da Arcádia: e não receies / Chegar desconhecido àquela areia. / ... / Leva de estranho Céu, sobre ela espalha / Co'a peregrina mão bárbaras flores" (1941, IV). O desejo que alimenta as imagens poéticas ainda informes da nova terra só pode ser nomeado por meio de aspectos "brutos" do real, e, portanto, do ponto de vista da ortodoxia clássica, negativos, daí os adjetivos: "desconhecido", "estranho céu", "peregrina mão" e "bárbaras flores", expressões com que se mantém o "outro" fora do restrito círculo dos valores e dos traços de visibilidade sancionados pelo sistema poético-cultural.

Não podemos nos esquecer de que tais exemplos são privilegiados, pois revelam os centros de tensão entre o dado e o desejado, e também como a resistência dos padrões poético-culturais não possibilitam uma formulação mais explícita dos objetos do desejo. Se, por vezes, os limites arcádicos da linguagem foram transpostos, apontando para novas configurações de sentido, em verdade devemos reconhecer que não chegaram a modificar de vez o conjunto das velhas fórmulas expressivas.

As poéticas

O poeta deve conhecer a tradição poética

Embora sejam comuns as referências à poesia ou à tradição poética nos poemas do período colonial, nem sempre eles cumprem o papel de pensar sistematicamente os problemas poéticos no sentido em que o fizeram alguns dos poemas tradicionais aqui lembrados, como a *Arte poética* de Horácio ou a *Poética* de Boileau, entre outras. Na verdade, poucos o fizeram. O que geralmente encontramos são afirmações esparsas, tocando um ou outro aspecto que preocupava seus autores. Mais frequentes, porém, são os procedimentos criativos que atestam sua origem poética. Atestam para nós, num sentido arqueológico, as marcas do passado poético-cultural, como atestavam, para os autores coloniais, a imperiosa necessidade de mostrar que conheciam e seguiam a ortodoxia da tradição poética.

Já aludimos ao fato de Bento Teixeira ter sido cronologicamente o primeiro a reproduzir no Brasil o modelo épico camoniano. Sua *Prosopopeia* (1601) é uma homenagem ao então governador de Pernambuco, Jorge de Albuquerque Coelho. Ao recorrer à épica, está adotando o gênero oficial com que as culturas tradicionais costumavam exaltar suas figuras mais ilustres, não apenas por sua existência e atuação reais, mas sobretudo na qualidade de heróis que representavam os valores e as aspirações das elites do tempo.

O poeta sabe muito bem que está seguindo as normas clássicas ao compor seu poema, tanto é verdade que, no "Prólogo", refere-se às noções horacianas de "pintura poética" (relação entre pintura e poesia), de "aperfeiçoamento da obra" (resultado do trabalho continuado da lima), de "respeito à autoridade" (conceito clássico que abrange as hierarquias social, poética e cultural, pelas quais não só o discípulo devia imitar o mestre, quanto o "inferior" na ordem social devia respeitar seus superiores). Concretizando esse último conceito, o poeta dirige-se ao homenageado através de um topos composto: de humildade, por um lado, ao reconhecer seus limites artísticos ("com obstardo pincel de meu engenho") e, de esperança, por outro, em merecer atenção de seu superior ("se não me faltar a tinta do favor de vossa mercê"):

> Se é verdade o que diz Horácio que Poetas e Pintores estão no mesmo predicamento; e estes para pintarem perfeitamente uma Imagem, primeiro na lisa tábua fazem rascunho, para depois irem pintando os membros dela extensamente, até realçarem as tintas, e ela ficar na fineza de sua perfeição; assim eu, querendo debuxar com obstardo pincel de meu engenho a viva Imagem da vida e feitos memoráveis de vossa mercê, quis primeiro fazer este rascunho, para depois, sendo-me concedido por vossa mercê, ir muito particularmente pintando os membros desta Imagem, se não me faltar a tinta do favor de vossa mercê, a quem peço, humildemente, receba minhas Rimas, por serem as primícias com que tento servi-lo...
> (Pinto, 1977)

Ao lermos a *Prosopopeia*, observamos que a distância que a separa da realidade do novo mundo resulta do funcionamento autônomo (no sentido de "mecânico") de seus recursos de linguagem, poéticos e mitológicos, que não reproduzem senão o universo cristalizado da épica clássica, embora o poeta alegue falar a verdade: "Em falar a verdade serei raso, / Que assim convém fazê-lo quem escreve, / Se à justiça quer dar o que se deve" (ibidem, canto XXIV).[1] Esses versos repõem em cena uma antiga exorcização da poesia contra a condenação platônica, a mesma que leva Camões, no canto V d'*Os lusíadas*, a opor sua fala ao fingimento mito-poético: "Cantem, louvem e escrevam sempre extremos / Desses seus Semideuses, e encareçam, / Fingindo magas Circes, Polifemos, / Sirenas que com o canto os adormeçam; /... / Que por muito e por muito que se afinem / Nestas fábulas vãs, tão bem sonhadas, / A verdade, que eu conto, nua e pura, / Vence toda grandíloca escritura" (1947, V, estr. 88-9).

O poema de Bento Teixeira deixa transparecer os valores que lhe dão sustentação: o poeta épico é a voz que difunde os feitos civilizadores dos grandes heróis, no caso, "A Estirpe d'Albuquerques excelente". Para cumprir tal objetivo, reproduz as antigas fórmulas que misturavam a *modéstia* de quem reconhece que sem a ajuda divina apenas teria o verso "tosco e rudo" – como já falara na "Musa inculta e mal limada" – e a desmedida *ambição* de superar, com seu canto, "a Lácia e Grega Lira". Os homenageados, Duarte Coelho, primeiro donatário de Pernambuco, e seu filho Jorge, então governador e a quem dirige o poema, possuem predicados de ilustres figuras histórico-míticas (Enéias, Cipião, Nestor etc.), distribuindo aos nativos os bens e a justiça da civilização europeia. Como observa Sérgio Buarque de Holanda, eles "... são 'dois Martes', que mal saídos da puerícia, já sabem dilatar sua Nova Lusitânia, pondo tudo a

---

[1] No epílogo do poema (canto XCIV), o poeta se declara testemunha dos acontecimentos narrados: "... Eu, que a tal espetáculo presente / Estive, quis em Verso numeroso / Escrevê-lo por ver que assim convinha / Para mais perfeição da Musa minha". Lembremos que o objetivo de ser fiel à realidade era também postulado das narrativas de viagens, como nos diz Caminha no início de sua Carta ao rei D. Manuel: "...tome Vossa Alteza minha ignorância por boa vontade, a qual bem certo creia que, para aformosear nem afear, aqui não há de pôr mais do que aquilo que vi e me pareceu".

ferro e fogo, sempre que aos 'mil meneios d'amor brando' não queiram mostrar-se sensíveis os 'bárbaros habitadores' do país" (1991, p.33).

Podemos dizer, portanto, que na *Prosopopeia* o universo das coisas representadas tem a forma e a substância dos símbolos e das alegorias poéticas então vigentes, ou seja: a) as personificações mitológicas (*as Délficas irmãs, Talia, Febo, Morfeu, Zéfiro, Tritão, Proteu, Tétis* etc.); b) as figuras épico-históricas (Remo, *Cipião, Nestor* etc.); c) os espaços geográficos ou os fenômenos atmosféricos ("Do Cauro Glacial à Zona ardente", "A lâmpada do Sol tinha encoberto", "Lá do portal de Dite, sempre aberto", "Só com as flores Zéfiro brincava", "Para a parte do Sul, onde a pequena / Ursa se vê de guardas rodeada" etc.); d) a forma e o aspecto das coisas são dados por adjetivos emblemáticos, traços próprios da tradição épica (as "luzentes Estrelas", o "estanhado Mar", o "licor salso", as "encrespadas conchas", a "prateada veia" etc.); e) os predicados das pessoas indicam seu valor e posição hierárquica: positivos, quando de trata dos colonizadores ou seus descendentes ("Albuquerque soberano", "sublime Jorge", "famoso Albuquerque", "Barões Ilustres afamados", "Grão Duarte", "Barões tão claros e eminentes"); negativos, quando se referem aos povos colonizados: "temerária e cega gente", "fera e belicosa gente", "bárbaros cruéis" etc.

Em relação ao último ponto, as diferenças de "natureza humana" e de configuração retórica explicam, e ao mesmo tempo justificam, na mente do poeta, os modos com que os colonizadores se sobrepuseram aos colonizados, como vimos na observação de Sérgio Buarque de Holanda, convencendo-os, de início, pelos argumentos, ou, caso estes não fossem suficientes, vencendo-os pela ação bélica purificadora:

> O Princípio de sua Primavera
> Gastarão seu distrito dilatando,
> Os bárbaros cruéis e gente Austera,
> Com meio singular, domesticando,

> E primeiro que a espada lisa e fera
> Arranquem, com mil meios d'amor brando,
> Pretenderão tirá-la de seu erro,
> E senão porão tudo a fogo e ferro.
> (Pinto, 1977, canto XXX)²

Como se observa, a punição da guerra complementa a pedagogia dos *"mil meios d'amor brando"*, quando estes não surtirem efeitos práticos. Dito de outro modo, os "erros" ou os "defeitos" do colonizado justificam a severidade do colonizador.

Mesmo sem levar em conta as diferenças de talento criativo, podemos dizer que as afinidades entre as fórmulas épicas de Bento Teixeira e os desnudamentos satíricos de Gregório de Matos se completam na medida em que seguem as mesmas convenções éticas e culturais do tempo. As diferenças ficam por conta das normas retóricas dos gêneros: no caso da épica, exaltando um herói a ser imitado, e, no caso da sátira, apontando um vilão a ser vituperado. De fato, para o sistema poético tradicional, herói e vilão são figuras complementares, como o são os gêneros épico e satírico. Tomás Antônio Gonzaga retomará esse esquema dual na "Dedicatória aos grandes de Portugal", das *Cartas chilenas*:

> Dois são os meios, por que nos instruímos: um, quando vemos ações gloriosas, que nos despertam o desejo da imitação; outro, quando vemos ações indignas, que nos excitam o aborrecimento. Ambos estes meios são eficazes: esta a razão, por que os teatros, instituídos para a instrução dos cidadãos, umas vezes nos representam a um herói cheio de virtudes, e outras vezes nos representam a um monstro, coberto de horrorosos vícios. (1995, p. 795)

---

2   Em relação à expressão "fogo e ferro", como a outras do repertório épico, devemos notar que, se o processo de colonização muitas vezes deu vida a esse artifício retórico, a verdade é que, em outras tantas, não passa de procedimento estilístico. Basta ver sua frequência, por exemplo, em *Os lusíadas*, de Camões.

Poética da sátira e do jogo poético

A prática do gênero satírico leva Gregório de Matos a misturar crítica poética e crítica pessoal, como vemos no poema que ele dedica "Ao capitão José Pereira, por alcunha o Sete Carreiras, louco com caprichos de poeta, sendo ele ignorantíssimo". Desde o título ficamos sabendo como era considerado esse capitão-poeta, o que nos impede de esperar referências lisonjeiras sobre sua poesia, embora Gregório afete uma atitude de modéstia e admiração diante do "homenageado":

> Amigo Senhor José,
> não me fareis uma obra;
> porque se a graça vos sobra,
> me fazeis graça, e mercê:
> fazei-me uma obra, em que
> honra me deis aos almudes,
> e se em vossos alaúdes,
> que Apolo vos temperou,
> não cabe o pouco, que eu sou,
> caberão vossas virtudes.
> (1990, v.I, p.280)

As expressões "pouco que sou" e "vossas virtudes" são, evidentemente, usadas em sentido irônico; entenda-se, portanto, o oposto do que dizem, embora, nos gêneros sérios, em especial no épico, o torneio retórico indique a modéstia necessária ao poeta. Isso sugere que a ironia satírica de Gregório se estende ao próprio gênero épico como tal. Do mesmo modo podemos ler a referência à ajuda que Apolo presta à poesia do capitão José Pereira. O que está em causa, nesse segundo sentido irônico, não é propriamente a existência de um deus da poesia, mas sim que ele pudesse inspirar a um "louco e ignorantíssimo com caprichos de poeta", na verdade, um falso poeta. O meio de comprovar os "caprichos" do homenageado é apontar-lhe os exageros e as impropriedades, utilizando, contudo – como outra face da ironia –, os mesmos recursos que a crítica de origem clássica atribuía ao barroco, daí chamá-lo de "hortelão da poesia" e "poeta lapidário / gastador de pedraria", justificando o fato de situá-lo, ainda por analogia hiperbólica, no gênero dos "Poetas Liberais". Por oposição ao simulacro de elogio ao homenageado, mais adiante o poeta irá simular também sua modéstia de "versos escassos":

> Eu quatro versos fazendo
> não me meto em gasto tal,
> nem posso chamar cristal,
> a mão, que humana estou vendo:
> aos olhos, que ao que eu entendo,
> são de sangue dous pedaços,
> não chamo diamantes baços,
> porque os não tenho por tais,
> que há Poetas Liberais,
> e os meus são versos escassos.
> (ibidem, p.281)

Ressalte-se que os "excessos retóricos", identificados apenas no seu desafeto, são percebidos pelo olhar rigoroso do poeta – barroco, não nos esqueçamos – e comparados com sua própria maneira "econômica" de ver ("não me meto em gasto tal"), quer no plano da linguagem ("nem posso chamar cristal"), da percepção ("a mão, que humana estou vendo") e do entendimento ("aos olhos, que ao que eu entendo"). Guardadas as devidas proporções, a recusa às analogias "olho/cristal" e "mãos/diamantes baços", uma vez que em verdade "são de sangue dous pedaços", lembra, numa visada sincrônica, tanto o Fernando Pessoa do poema "Isto", quando chama de "comboio de cordas" ao coração, recuperando, embora por via metafórica, a realidade da matéria sob o nome do órgão tradicionalmente tido por sede do sentimento, e também o nosso Bandeira, que, ao designar a "lua" por seu termo astronômico "satélite" ("Satélite"), a esvazia de seu compromisso com a emotividade romântica.

A consciência da manipulação do estrato linguístico não diz respeito apenas a uma questão poético-retórica, mas também às questões ontológica e ética, na visão de Gregório de Matos, como de resto em todo o Barroco. Esse fato pode ser observado em outro de seus poemas: "Reprovações". Aqui a concepção do ser como essência implica tanto os problemas do uso adequado das palavras quanto as motivações do falante e do ouvinte:

> Se sois homem valoroso,
> Dizem que sois temerário,
> Se valente, espadachim,
> E atrevido, se esforçado
> (1976, p.96)

O poema todo é construído segundo uma lógica que vai pondo em confronto o *nome, o ser e o valor*, como nas oposições paradigmáticas: "voloroso/temerério", "valente/espadachim", "atrevido/esforçado" etc. A indeterminação das vozes tem por função universalizar a troca entre essas três instâncias, como representações da máscara social responsável pela degradação expressa na passagem dos primeiros termos para os segundos. Fechando o círculo, à imagem dos "maledicentes" – não nomeados, naturalmente – corresponde a de suas vítimas, também vagas e indefinidas:

> E assim não pode viver
> Neste Brasil infestado,
> Segundo o que vos refiro
> Quem não seja reprovado
> (ibidem, loc. cit.)

Em outros momentos, o poeta assume pessoalmente a função ética da sátira, como vimos anteriormente, no "Retrato" que faz do governador Antônio Luís da Câmara Coutinho: "Não pinto as faltas / dos olhos baios, / que versos raios / nunca ferem senão / a coisas altas" (1990, v.I, p.183). Ou é o próprio poema que ocupa o centro da representação, tomando a forma de jogo aleatório que apenas simula sua função transitiva, como no poema dedicado ao Conde de Ericeira.

Bem observado, contudo, vemos que se trata de um arcabouço de poema laudatório, encomiástico, em que o homenageado não passa de alusão vazia, em razão de que o poeta brinca com as proverbiais dificuldades do soneto clássico: sua estrutura rigorosa de quartetos e tercetos, seu sistema silábico, suas rimas, o esforço e o sofrimento despendidos pelo poeta e o fecho final com chave de ouro etc. Afinal, vencidos todos os obstáculos formais, o poeta sai da empreitada aliviado e orgulhoso da tarefa cumprida.

AO CONDE DE ERICEIRA D. LUIZ
DE MENEZES PEDINDO LOUVORES AO POETA
NÃO LHE ACHANDO ELE PRÉSTIMO ALGUM.

Um soneto começo em vosso gabo;
Contemos esta regra por primeira,
Já lá vão duas, e esta é a terceira,
Já este quartetinho está no cabo.

Na quinta torce agora a porca o rabo:
A sexta vá também desta maneira,
na sétima entro já com grã canseira,
E saio dos quartetos muito brabo.

Agora nos tercetos que direi?
Direi, que vós, Senhor, a mim me honrais
Gabando-vos a vós, e eu fico um Rei.

Nesta vida um soneto já ditei,
Se desta escapo, nunca mais;
Louvado seja Deus, que o acabei.
(ibidem, v.I, p.129-30)

Poética dos elementos plásticos e visuais

Ainda na órbita da poética barroca, também Manuel Botelho de Oliveira produziu poemas que refletem bem suas ideias sobre poesia. Alguns são verdadeiras poéticas do barroco. Vejamos dois deles.

No primeiro, temos, desde o título, a tendência barroca de conferir aspectos plásticos aos sentimentos: "Anarda esculpida no coração lagrimoso". Várias reminiscências estéticas estão presentes no poema: a) a ideia de um criador ("artífice engenhoso"), metaforicamente Deus, a natureza, o amor ou o próprio poeta, espécie de deus platônico que detém os arquétipos das coisas (a "estátua imaginada", isto é, o objeto criado); b) a ideia de imitação da natureza; c) o desejo de eliminação do tempo, que a tudo destrói, possibilitando assim a apreensão das essências eternas.

Convivendo com os fundamentos clássicos, encontramos outros que exprimem os modos propriamente barrocos, sobretudo seu hábito de produzir paradoxos, como a estátua de bronze (metal) que imita a natureza humana, daí sua "forma equivocada". A imagem transita, por um lado, entre o plástico e o sensível, e, por outro, entre o arquetípico e o temporal:

> Quer esculpir artífice engenhoso
> Uma estátua de bronze fabricada,
> Da natureza forma equivocada,
> Da natureza imitador famoso.

> No rigor do elemento luminoso,
> (Contra as idades sendo eternizada)
> Para esculpir a estátua imaginada,
> Logo derrete o bronze lagrimoso.

> Assim também no doce ardor que avivo,
> Sendo artífice o Amor, que me desvela,
> Quando de Anarda faz retrato vivo;

> Derrete o coração na imagem dela,
> Derramando do peito o pranto esquivo,
> Esculpindo de Anarda a estátua bela.
> (1953, v.I, p.22)

No outro poema, "Encarece a fineza do seu tormento", o poeta se imagina dividido: entre seu pensamento, seu desejo e sua alma, três instâncias da rede complexa que é o amor. O pensamento, produtor dos sentidos, imagina ser amado ("Quando cuida de Anarda o logro amado"), de que poderia decorrer a felicidade ("favorecido", "glórias, "fermoso", "presente", "bem"). Enquanto isso, o eu, instância do desejo, manifesta suas carências ("penas do sentido", "sofrido", "retirado", "atormentado"). Numa terceira instância, a alma, espécie de centro equidistante do pensamento (o "bem ausente") e do real (o "bem criado"), engloba-os. Mas, paradoxalmente – aqui entra um sutil componente ético –, a alma não consegue manter-se isenta do "desejo de ser feliz" ("De um leve pensamento arrependida"), mesmo que ilusório, nem da busca de concretização do imaginado ("De um vão contentamento escrupulosa"). Curioso é que o poema parece configurar, antes da psicanálise freudiana, as três instâncias psíquicas do homem, o *superego*, o *ego* e o *id*, com seus respectivos conflitos de competência:

> Meu pensamento está favorecido,
> Quando cuida de Anarda o logro amado;
> Ele se vê nas glórias do cuidado,
> Eu me vejo nas penas do sentido.
>
> Ele alcança o fermoso, eu o sofrido,
> Ele presente vive, eu retirado;
> Eu no potro de um mal atormentado,
> Ele no bem, que logra, presumido.
>
> Do pensamento está muito ofendida
> Minha alma, do tormento desejosa,
> Porque em glória se vê, bem que fingida:

Tão fina pois, que está por amorosa,
De um leve pensamento arrependida,
De um vão contentamento escrupulosa.
(ibidem, v.I, p.25)

Poética do desnudamento poético

Passando para o âmbito da poesia árcade, vejamos um poeta que tem pelo menos dois poemas que ilustram bem o que se entendia tradicionalmente por "poética" como exposição das regras de composição da poesia. Trata-se de Silva Alvarenga. O primeiro poema é a "Quintilha" dedicada ao vice-rei Luiz de Vasconcellos e Souza, por ocasião de seu natalício. Embora siga esse costume da poesia colonial, o texto simula situações-limite que parecem sugerir uma leitura paródica do próprio arcadismo, especialmente se o compararmos com o tom sério e normativo da *Epístola II*. Nesta última, por exemplo, ao referir-se à "plebe dos magros rimadores" que repetem os estereótipos árcades (*o louro Mondego, as ninfas belas, as cãs do velho Douro, a calva do sacro Tejo* etc.), o poeta acrescenta este comentário em tom categórico: "O que se fez vulgar perdeu a estimação". Essa constatação, entretanto, considerando-se que revela uma aguda consciência do processo repetitivo da poesia do tempo, se aplicada à compreensão da "Quintilha" pode sugerir outra interpretação deste poema, não necessariamente como negação dos procedimentos árcades, mas simples mostra de zelo para que eles não se tornassem vulgares, seguindo, aliás, o ideal aristocratizante da poética clássica, como o formulara um de seus mais típicos representantes, Boileau:

> *Un style trop égal et toujours uniforme*
> *En vain brille à nos yeux, il faut qu'il nous endorme.*
> (1966, I, vv.71-2)

Na "Quintilha", como estratégia de composição, Silva Alvarenga encena um diálogo com sua musa, operando, no entanto, uma inversão no modo tradicional, já que agora é ele que se propõe ajudá-la:

> Vamos pois a preparar,
> Que eu te darei as lições;
> Folheando no Camões,
> Bem podemos remendar
> Odes, sonetos, canções.
> (1864, t.I, p.222)

Embora fale em consultar um modelo amplamente reconhecido como Camões, conforme aconselhavam os manuais de poética, o trabalho criativo vai sendo caracterizado como espécie de jogo gratuito ou receituário de fórmulas artificiais, como já vimos também em Gregório de Matos. Tanto a busca das fontes da poesia como a própria produção de novos poemas sofrem igualmente uma desqualificação prévia: no primeiro caso, pela atitude apressada com que se buscavam os modelos ("folheando"), e, no segundo, pela ausência de unidade e de harmonia nos objetos criados ("remendar"). Os próprios meios de realização da poesia se reduzem às "lições", isto é, perdem qualquer transcendência antes atribuída à inspiração divina. Nem se trata mais da *techné* grega ou da *ars* latina como "ciências aplicadas", e sim de simples exercício de um repertório de soluções bem-sucedidas, e, por isso, reiteradas. Tais soluções são de várias ordens: a) *o fingimento* ("podemos fingir um sonho"), b) *a técnica* ("por método tal e qual"), c) *o furto*, como forma degradada de imitação ("todos furtam, bem ou mal"), justificado desde que, sendo natural, não seja percebido ("se o furto for natural").

Ao nosso olhar moderno, a novidade e o sabor desse poema estão certamente no fato de que seus artifícios são desnudados, mostrando o caráter construtivo do texto, ao mesmo tempo em que põem em questão os fundamentos da poesia árcade. Entendemos agora por que o poeta se dispunha a ensinar sua musa, já que ela estava acostumada apenas ao canto pastoril, rústico e monofônico. Ele lhe mostra, então, como variar as formas poéticas (embora antigo, o conceito de "unidade na variedade" foi retomado no arcadismo), não sem antes matizar suas sugestões de um forte tom irônico: seja pela sátira ("Para aterrar teus rivais, / Tece em versos desiguais, / Crespa frase entortilhada, / Palavras sesquipedais") ou pelo soneto: ("Se de soneto és amante, / Seja sempre pastoril, / Que sem cajado e rabil, / O soneto mais galante / Não tem valor de um ceitil"), além de outras formas que o poeta vai alinhando: ode, canção, idílio, epigrama, acróstico etc. Interessante é que o hábito da apropriação das soluções contidas em outros poetas – legitimadas desde a Antiguidade sob o nome de "imitação" – é designado "furto" pelo poeta, embora justificado pela sua generalização ("Todos furtam, bem ou mal"), fato que vem referido junto ao hábito de buscar expressões a um estoque previamente organizado: "... E eu me lembro que já tinhas / N'outro tempo bem guardadas, / Muitas destas palavrinhas".

Na verdade, eram duas as formas de apropriação (ou "imitação") que se completavam nas práticas poéticas tradicionais: uma dizia respeito à relação dos poetas entre si, pela qual cada um deles procurava reproduzir as fórmulas bem-sucedidas dos poetas considerados modelos; outra, do poeta com a escola ou o gênero a que pertencia seu poema, pela qual ele se inseria numa tradição poética. Veja-se como Silva Alvarenga caracteriza a adequação do vocabulário no interior da composição poética:

> Venha sempre o *adejar*,
> Que é verbinho de que gosto,
> E já me sinto disposto
> Para o querer engastar
> N'um idílio de bom gosto.
> (ibidem, p.223)

E o poeta vai desfilando todo um repertório dos lugares--comuns árcades: a) os temas ou quadros naturais: "Vê se lhe podes grudar / Uma bela madrugada, / Que muita gente barbada /

Aplaude sem lhe importar / A razão por que lhe agrada"; b) os procedimentos construtivos: "Basta que a obra dilates, / Dividida em pelotões, / por sonoros disparates"; c) os heróis históricos: "Quero ver a mão robusta / D'Alcides, encaixe ou não, / E alguma comparação, / Ainda que seja à custa / D'Anibal ou Scipião"; d) as figuras mitológicas: "Hão de vir de Jove as filhas, / Marte horrendo e furibundo, / E com saber mais profundo, / Traze as sete maravilhas, / Que ninguém achou no mundo".

Finalizando, o poeta retoma seu próprio poema como ilustração da atitude que vinha denunciando, eximindo-se, contudo, tanto da culpa de ter sido o primeiro como da ingenuidade de supor que poderia ser o último:

> Eis aqui como se ganha
> O labéu de caloteiro,
> Mas eu não sou o primeiro
> Que tive esta boa manha,
> Nem serei o derradeiro.
> (ibidem, p.226)

Um interesse a mais, nesse poema, está em que se juntam duas vertentes arcádicas: a das convenções pastoris, em que o poeta aspira pela harmonia com a natureza, e a que se alimenta do racionalismo que vincou o pensamento iluminista do século XVIII, dirigida esta para desnudar os procedimentos daquela. A aparente incompatibilidade dessas duas vertentes desaparecerá se pensarmos, por exemplo, que igualmente Tomás Antônio Gonzaga, além dos lamentosos versos da *Marília de Dirceu*, escreveu também as sátiras demolidoras das *Cartas chilenas*.

Poética da ortodoxia poética

Do mesmo Silva Alvarenga é outro acabado exemplo de poética colonial, agora em sua vertente séria, nos moldes da *Arte poética* de Horácio, da *Poética* de Boileau, do *Ensaio sobre a crítica*, de Pope etc. Sua *Epístola II* (Alvarenga, 1864), dedicada a José Basílio da Gama, segue de perto o modelo da *Epístola ad Pisonem* horaciana, reproduzindo-lhe também as ideias, sem esquecer o tom didático-conceitual que acompanhava aquela poética antiga.

Como já havia acontecido com a *Poética* de Boileau, a *Epístola* de Silva Alvarenga reduz o texto horaciano a um elenco de regras e princípios reguladores da atividade poética, espécie de poética normativa cuja finalidade não era apenas prestar homenagem ao confrade árcade, mas sobretudo servir de orientação aos jovens candidatos a poeta. Seguindo a tendência universalizante da poética clássica, a *Epístola II* tem poucas e breves referências à própria época do autor. No conjunto do poema, ele repete os temas tradicionais da poética horaciana. Vejamos sinteticamente alguns desses itens:

1 uma crítica ao barroco espanhol:

> Tu sabes evitar se um tronco, ou jaspe animas
> Do sombrio Hespanhol os góticos enigmas;

2 uma citação da passagem do *Uraguai*, de Basílio da Gama, em que Lindoia é ferida de morte, passagem apontada pela crítica como exemplo de patético verossímil:

> Quem vê girar a serpe da irmã no casto seio,
> Pasma, e de ira e temor ao mesmo tempo cheio
> Resolve, espera, teme, vacila, gela e cora,
> Consulta o seu amor e o seu dever ignora.

3 uma referência àquilo que Cláudio Manuel da Costa, no prefácio de sua obra, descreve como o "tempo em que Portugal apenas principiava a melhorar de gosto nas belas letras", por oposição à influência barroca:

> Mas onde, meu Termindo, onde me leva o zelo
> Do bom gosto nascente? O novo, o grande, o belo

> Respire em tuas obras, enquanto eu fito a vista
> No rimador grosseiro, no mísero copista.

4 as teses clássicas de que poesia e pintura se identificam; que os fins da poesia são agradar e ensinar ao mesmo tempo; que o poeta precisa saber a língua adequada a cada gênero:

> Gênio fecundo e raro, que com polidos versos
> A natureza pintas em quadros mil diversos:
> Que sabes agradar, e ensinas por seu turno
> A língua, que convém ao trágico coturno:

5 que é necessário evitar os excessos; que o fogo da inspiração deve ser dirigido e controlado pelo poeta, pois a melhor posição é sempre a mediania:

> Teu Pégaso não voa furioso, e desbocado
> A lançar-se das nuvens no mar precipitado,
> Nem pisa humilde o pó; mas por um nobre meio
> Sente a doirada espora, conhece a mão, e o freio:

6 que se devem seguir as leis da natureza; por isso, quem deseja comover outras pessoas precisa antes comover-se a si mesmo, imposição que mostra os fortes vínculos estéticos, éticos e lógicos que ligavam o produtor e o consumidor de poesia nas teorias tradicionais. Esse preceito se opunha ao que, para os árcades, seriam atributos do barroco: a *afetação* (relativa à hipérbole do "eu", por falta de modéstia) e o *inverossímil* (relativo às falhas nas leis da razão e da natureza, o que resultaria em falta de credibilidade):

> Da simples natureza guardemos sempre as leis
> Para mover-me ao pranto convém que vós choreis.
> Quem estuda o que diz, na pena não se iguala
> Ao que de mágoa e dor geme, suspira e cala.

7 que o artifício muitas vezes encobre a ausência de inspiração, e que todo trabalho deve ser espontâneo e natural, mesmo

quando árduo e cansativo, ideias que repõem em circulação o projeto dos clássicos de harmonizar as forças instintivas e as racionais. Sérgio Buarque de Holanda dará os dois últimos versos do fragmento seguinte como indicação de que "Silva Alvarenga – tão dócil, em certos pontos, às regras de Boileau – irá mostrar-se adepto da livre inspiração, em detrimento do infrutífero lavor artesanal" (1991, p.209):

> Indiscreta vanglória aquela, que me obriga
> Por teima de rimar a que em meu verso diga
> Quanto vi, quanto sei, e ainda é necessário
> Mil vezes folhear um grosso dicionário.
> Se a minha musa estéril não vem sendo chamada,
> Debalde é trabalhar, pois não virá forçada.

8 que não se devem temer os caminhos comuns só porque outros os tenham trilhado, pois fugir de um mal pode levar a mal maior:

> Se cheio de si mesmo por um capricho vão
> Tem por desdouro o ir por onde os outros vão,
> É c'o dedo apontado famoso delirante,
> Que por buscar o belo, caiu no extravagante:

9 que, no extremo oposto, é preciso evitar as soluções repetitivas, uma vez que o vulgar pouco valor tem, ideia que mostra a base aristocrática da poética clássica, em que os argumentos de qualidade prevalecem sobre os de quantidade:

> Eu aborreço a plebe dos magros rimadores,
> De insípidos poemas estúpidos autores,
> Que frenéticos suam sem gosto, nem proveito,
> Amontoando frases a torto e a direito:
> Vem o louro Mondego por entre as ninfas belas,
> Que de flores enlaçam grinaldas e capelas:
> Surgem do verde seio da escuma crespa e alva,
> Do velho Douro as cãs, do sacro Tejo a calva.
> Escondei-vos das ondas no leito cristalino,

E saí menos vezes do reino netunino:
O que se fez vulgar perdeu a estimação:

10 que o poeta deve ser modesto e não se julgue importante só por ter feito um bom poema; do mesmo modo, deve ter cuidado com a crítica elogiosa, pois o que ela aplaude pode ser falso e efêmero:

> Autor, que por acaso fizeste um terno idílio,
> Não te julgues por isso Teócrito ou Virgílio:
> Não creias no louvor de um verso que recitas,
> Teme a funesta sorte dos Meliseus e Quitas:
> Que muitos aplaudiram quinhentos mil defeitos
> Nos papéis que hoje embrulham adubos e confeitos.

11 enfim, depois de referir-se às glórias passadas e ao futuro promissor de Portugal, o poeta encoraja seu companheiro de Arcádia, usando, para isso, um velho lugar-comum épico, augurando-lhe não apenas que será tão famoso quanto outras figuras consagradas, mas que, por seus méritos, poderá mesmo ir além:

> Grande se mostra ao mundo, nova, imortal Lisboa:
> Se ela o terror levou nas voadoras faias
> Por incógnitos mares a nunca vistas praias,
> (...)
>
> Hoje aplana os caminhos aos séculos vindouros:
> A glória da nação se eleva, e se assegura
> Nas letras, no comércio, nas armas, na cultura.
> (...)
>
> Consulta, amigo, o gênio, que mais em ti domine:
> Tu podes ser Molière, tu podes ser Racine.
> Marqueses tem Lisboa, se cardeais Paris,
> José pode fazer mais do que fez Luiz.[3]

---

3 Ao comparar Basílio da Gama com Camões – se tal leitura é válida –, Silva Alvarenga repete um lugar-comum épico: "Cesse tudo o que a Musa antiga canta, / Que outro valor mais alto se alevanta" (*Os lusíadas*, I, 3, 7-8).

Se, no plano dos conteúdos doutrinários propriamente ditos, a *Epístola II* de Silva Alvarenga reproduz os valores da estética clássica, como preocupação prática ela procura estabelecer parâmetros precisos: faça isto, não faça aquilo, evite os excessos, é preciso ter domínio sobre os meios criativos, o artifício deve parecer espontâneo, o trabalho e a inspiração devem se harmonizar na obra, a experiência acumulada pelos artistas e pensadores do passado é necessária aos novos poetas etc.; enfim, os caminhos e os procedimentos da criação apresentam contornos definidos, sem margem para o acaso, o improvisado, o ambíguo, o caótico e o misto, sobretudo se comparados com as formas de arte desenvolvidas a partir do romantismo.

Poética da nostalgia poética

Com Cláudio Manuel da Costa e Tomás Antônio Gonzaga o arcadismo brasileiro atinge sua mais característica expressão estética. Surgem, nesse período, as primeiras manifestações de integração da paisagem com o sentimento da terra e, considerando-se especialmente Silva Alvarenga e Gonzaga, também uma intensa musicalidade que se confunde com a emoção lírica, antecipando o envolvimento rítmico-sentimental que terá pleno desenvolvimento na poesia romântica. E a reflexão poética passa a identificar-se com a experiência vivida pelo poeta.

Cláudio produziu boa parte de sua obra dentro das normas da contenção clássica, sobretudo o soneto, de que tomaremos dois para análise. No primeiro, ressaltam-se três conjuntos de imagens que denunciam suas fontes conceituais: a) a origem divina da inspiração ("Musas, canoras musas, este canto / Vós me inspirastes, vós meu tenro alento / Erguestes brandamente àquele assento[4] / Que tanto, ó Musas, prezo, adoro tanto"); b) o

---

4 Como imagem poética, essa referência retoma o *topos* clássico da elevação, símbolo do espiritual, do puro e do eterno, como vemos em Camões: "Alma

poder comunicativo que as musas propiciam, distinguindo-se aqui, num primeiro momento, a substancialização da causa eficiente da poesia, isto é, a inspiração, figurada em seu componente emotivo: "Lágrimas tristes são, mágoas, e pranto, / Tudo o que entoa o músico instrumento"; num segundo momento, essa fonte subjetiva, por intervenção da musa, ganha dimensão coletiva, universal, segundo o modelo épico:[5] "Mas se o favor me dais, ao mundo atento / Em assunto maior farei espanto", propiciando, ao mesmo tempo, a transfiguração do real em imagens caprichosamente árcades: "Se em campos não pisados algum dia / Entra a Ninfa, o Pastor, a ovelha, o touro, / Efeitos são da vossa melodia"; c) finalmente, identificada aquela realidade bruta ("campos não pisados") com a terra do poeta, emerge o desejo de resgatá-la do anonimato pela imposição dos símbolos tradicionais da glória e da fama: "Cresçam do pátrio rio à margem fria / A imarcescível hera, o verde louro!".

No outro poema se reiteram algumas das implicações conceituais contidas no primeiro. A poesia, como manifestação artística, eterniza os objetos que canta, segundo o aforismo de Hipócrates traduzido pelos latinos: "*ars longa, vita brevis*". Nosso poeta dirá então: "Leia a posteridade, ó pátrio Rio, / Em meus versos teu nome celebrado". Isso só é possível porque o poema lhe confere existência ideal – reflexo da ideia platônica – configurada como um despertar para a consciência, que os antigos associavam ao papel da memória.[6] A tarefa do poema é resgatar as coisas de sua natureza bruta, vazia de sentido, espécie de esquecimento

---

minha gentil, que te partiste / Tão cedo desta vida, descontente, / Repousa lá no céu eternamente / E viva eu cá na terra sempre triste"

5 Lembremos o paradigma camoniano: "Cantando espalharei por toda parte, / Se a tanto me ajudar engenho e arte" (*Os lusíadas*, I, II).

6 A teoria da anamnesis platônica retroage os seres para uma região anterior ao estado consciente, resultando o saber no trabalho de transportá-los do lugar do esquecimento em que estão para o da memória, à disposição da razão. Assim, a ignorância seria uma espécie de esquecimento, e o saber, uma forma de lembrança.

e, portanto, morte: "Por que vejas uma hora despertado / O sono vil do esquecimento frio".

Para o árcade brasileiro, o meio de conferir existência poética ao rio de sua terra, ainda sem história nem tradição, seria adorná-lo dos símbolos com que os antigos tinham imortalizado os rios de sua pátria, daí recuperar ele, pela negação, as imagens ausentes daqueles modelos ideais: "Não vês nas tuas margens o sombrio, / Fresco assento de um álamo copado; / Não vês Ninfa cantar, pastar o gado, / Na tarde clara do calmoso estio".

A importância dessas imagens para se compreender a divisão vivida por Cláudio ganha vulto se notarmos que ela reaparece em outros poemas. Vejam-se estes três fragmentos:

> Se em campos não pisados algum dia
> Entra a Ninfa, o Pastor, a ovelha, o touro,
> Efeitos são da vossa melodia;
> (Costa, 1996, Soneto C, p.96)

> *Vede a história infeliz, que Amor ordena,*
> *Jamais de Fauno ou de Pastor ouvida,*
> *Jamais cantada na silvestre avena.*
> (ibidem, p.120)

> As Ninfas generosas,
> Que em tuas praias giram,
> Ó plácido Mondego, rigorosas,
> De ouvir-me se retiram,
> (ibidem, p.126)

O que está no fundo dessas imagens árcades é a idealização da terra brasileira, é o rio mineiro assumido pelo poeta como objeto de suas afeições, mas que, não podendo representá-lo como formas ideais, a custo deixa transparecer a atividade mineradora das Minas Gerais do século XVIIII. Daí que tenha visto com tanta insistência as águas dos rios como "turvas", em verdade resultado da extração do ouro (causa material) e da ambição do "riquíssimo tesouro" (causa moral): "Turvo banhando as pálidas areias / Nas porções do riquíssimo tesouro / O vasto campo da ambição recreias" (ibidem, p.51).

Diante dessa situação nova, não prevista pela poética árcade, como resgatar o puro idealismo a partir do real que se impõe ao poeta? Ele o faz pela representação dos raios solares que, ao incidirem sobre o rio, compõem uma imagem que admite três dimensões de percepção: a) reflete a crença comum na época de que o sol produzisse realmente o ouro; b) mimetiza o aspecto físico dos rios mineiros, com suas águas turvas e revoltas em razão da mineração; c) revela um ângulo estético de visão, pelo qual o reflexo dourado do sol nas águas produziria uma imagem bela e desinteressada, como deviam ser a poesia e a arte. Desse modo, na perspectiva de Cláudio, a pureza e o idealismo poéticos ficavam preservados do estado bruto do real e dos interesses mundanos.

Poética do sentimento amoroso

Com a *Marília de Dirceu* (1792), de Tomás Antônio Gonzaga, as convenções árcades ganham intensa musicalidade, produzida, ao mesmo tempo, pela variação dos versos curtos e longos, pelas rimas e repetições de palavras, tudo isso associado a uma fala centrada no "eu" e no relacionamento amoroso, fatores que acabam por conferir um caráter pessoal, obsessivo ao poema, explicando, assim, a posterior leitura romântica do destino vivido pelo poeta.

No plano temático, a natureza é ainda a fonte clássica de beleza: "Minha Marília, / se tens beleza, / da Natureza / é um favor", beleza cuja fragilidade cumpre ao amor – entenda-se, por virtude do poema e da ação do poeta – tornar eterna; "Mas se aos vindouros / teu nome passa, / é só por graça / do deus do amor / que, terno, inflama / a mente, o peito / do teu pastor". O poeta sente-se o agente dessa função emancipatória que a poesia exerce sobre o real, resgatando-o da matéria e do tempo para o espírito e o eterno.[7]

No plano retórico, a convenção pastoril é uma presença constante: os nomes árcades de *Dirceu* (Gonzaga), *Alceste* (Cláudio); as figuras do "pastor", da "gentil pastora", toda a decoração dos ambientes bucólicos compõem um quadro harmônico de *campos, montes, pastores, cajados, sanfoninhas, rebanhos, fontes* e *regatos*. Se em alguns momentos esses componentes funcionam como elementos da representação árcade ou como símbolos de uma vida tranquila, sem maiores necessidades, em outros manifestam, pelo contraste, o infinito apreço que o poeta sente pela amada: "Já destes bens, Marília, não preciso / nem me cega a paixão, que o mundo arrasta; / para viver feliz, Marília, basta / que os olhos movas, e me dês um riso" (Gonzaga, 1961, pt.I, lira 1). Interessante é que as convenções que configuram a idealização bucólica permanecem, mesmo nos momentos em que a situação concreta do poeta já não lhe oferece nenhuma esperança de realização dos projetos amorosos. O drama da prisão não o impede de continuar usando os "fingimentos poéticos", como observa Rodrigues Lapa:

> Convém notar que nem tudo seria artificial no emprego da ferramenta clássica. O hábito criava uma segunda natureza e o artista conseguia por vezes viver esses temas desgastados. É o que sucede com Gonzaga, de quando em quando. Na desgraça da sua prisão, nem mesmo aí abandonou o maravilhoso do paganismo, a farândola prestigiosa dos deuses do velho Olimpo. Uma boa amostra desta maneira está na lira 19 da Parte II. Descreve em belos versos a sua situação

---

[7] A valorização da arte com base na sua função de expressar o espiritual e a essência dos seres coexiste na Antiguidade Clássica com a condenação platônica. Para o filósofo, ela não iria além da aparência sensível das coisas. A primeira posição parece ter surgido como forma de resgatar a arte diante da condenação platônica, embora ambas utilizem os mesmos critérios de hegemonia do inteligível sobre o sensível, do eterno sobre o efêmero e do universal sobre o particular.

tristíssima; mas, por muito sentida que fosse a dor, dificilmente dispensaria o ornamento clássico, a alegoria mitológica. Devemos pois admitir que, a par da linguagem, da mais pura cepa clássica, Gonzaga herdou e sinceramente reviveu alguns dos temas literários da velha escola. (ibidem, "Prefácio", p.XXVII)

Vejamos o início da passagem referida, ou seja, da Parte II, lira 19:

> Nesta Triste masmorra,
> de um semivivo corpo sepultura,
> inda, Marília, adoro
> a tua formosura.
> Amor na minha idéia te retrata;[8]
> busca, extremoso, que eu assim resista
> à dor imensa, que me cerca e mata.

De fato, como tendência dominante, raras vezes os recursos da "velha escola", retomando o pensamento do crítico, deixam lugar para a percepção viva do espaço e do tempo presentes. Mas há momentos no poema em que as imagens e os dados do real se integram àqueles ambientes poéticos imaginários, assumindo suas próprias formas. Isso leva Rodrigues Lapa a ler certas passagens da *Marília de Dirceu* como expressão das ideias da época. Tal é a lira 3 da Parte III, em que o poeta expressaria o "ideal familiar e burguês" peculiar aos ingleses do século XVIII, ao substituir a imagem do herói antigo, "batalhador e inumano", pela do tipo caseiro, "civilista e burguês" (ibidem, p.XXX):

> Tu não verás, Marília, cem cativos
> tirarem o cascalho e a rica terra,
> ou dos cercos dos rios caudalosos,
> ou da minada serra.

...

---

8 Note-se a expressão do que se convencionou chamar de "amor platônico".

Verás em cima da espaçosa mesa
altos volumes de enredados feitos;
ver-me-ás folhear os grandes livros,
   e decidir os pleitos.

Enquanto revolver os meus consultos,
tu me farás gostosa companhia,
lendo os fastos da sábia, mestra História,
   e os cantos da poesia.

Lerás em alta voz, a imagem bela;
eu, vendo que lhe dás o justo apreço,
gostoso tornarei a ler de novo
   o cansado processo.

Se encontrares louvada uma beleza,
Marília, não lhe invejes a ventura,
que tens quem leve à mais remota idade
   a tua formosura.

Entretanto, além desses "expedientes da velha forja clássica", o crítico reconhece também na lírica de Gonzaga uma atmosfera emotiva pessoal que o levaria a antecipar certos tons da poesia romântica posterior. Se isso realmente ocorre, será certamente em relação ao sentimento de profundo desconsolo e desamparo que o poeta vai manifestando num processo sempre crescente. Mas a verdade é que Gonzaga jamais assume a individualidade psíquica e a emoção humana que matizarão a poesia dos poetas românticos. Pelo contrário, sua poesia deixa sempre patente o lugar institucional de onde fala, ou seja, o ideário, os valores, a linguagem, as personificações e os torneios retóricos da poética clássica, o que, no entanto, não impede que muitos de seus poemas conservem um sabor sempre renovado, especialmente aqueles em que desenvolve fantasias e hipérboles amorosas, temperadas por um ritmo cadenciado e envolvente que atenua em muito o peso das convenções que os sustenta, como nesta lira:

I, 31

1 Minha Marília,
se tens beleza,
da Natureza,
é um favor.
Mas se aos vindouros
teu nome passa,
é só por graça
do deus de amor,
que, terno, inflama
a mente, o peito
do teu pastor.

2 Em vão se viram
perlas mimosas,
jasmins e rosas
no rosto teu.
Em vão terias
essas estrelas
e as tranças belas,
que o céu te deu,
se em doce verso,
não as cantasse
o bom Dirceu.

3 O voraz tempo
ligeiro corre;
com ele morre
a perfeição.
Essa, que o Egito
sábia modera,
de Marco impera
no coração;
mas já Otávio
não sente a força
do seu grilhão.

4 Ah! vem, ó bela,
e o teu querido,

ao deus Cupido
louvores dar!
pois faz que todos
com igual sorte
do tempo e morte
possam zombar:
tu por formosa,
e ele, Marília,
por te cantar.

5   Mas ai! Marília,
que de um amante,
por mais que cante,
glória não vem!
Amor se pinta
menino e cego;
no doce emprego
do caro bem
não vê defeitos,
e aumenta quantas
belezas tem.

6   Nenhum dos vates,
em teu conceito,
nutriu no peito
néscia paixão?
Todas aquelas,
que vês cantadas,
foram dotadas
de perfeição?
Foram queridas;
porém formosas
talvez que não.

7   Porém que importa
não valha nada
seres cantada
do teu Dirceu?
Tu tens, Marília,
cantor celeste;

o meu Glauceste
a voz ergueu:
irá teu nome
aos fins da Terra,
e ao mesmo Céu.

8   Quando nas asas
do leve vento
ao firmamento
teu nome for,
mostrando Jove
graça extremosa,
mudando a esposa
de inveja a cor;
de todos há-de,
voltando o rosto,
sorrir-se Amor.

9   Ah! não se manche
teu brando peito
do vil defeito
da ingratidão:
os versos beija,
gentil pastora,
a pena adora,
respeita a mão,
a mão discreta,
que te segura
a duração.

(ibidem, p.70-3)

Concluindo, podemos dizer que os poemas estudados permanecem nos estreitos limites da poética clássica, e não apenas aqueles que assumem positivamente seus valores, mas ainda os que parecem se desviar deles, como vimos no caso das formas satíricas ou paródicas e das que incorporam elementos da nossa paisagem ou lhes atribuem um tom laudatório e pessoal. Mesmo quando tentaram negar alguns dos valores de seu tempo, o fizeram sempre dentro dos limites, dos esquemas e dos recursos retóricos que lhes eram mais típicos. Se as manifestações de recusa existentes nesses poemas podem ser vistas como os primeiros e tênues sinais de mudança, rigorosamente falando, entretando, só a partir da criação de novas formas de expressão, para dizer com Croce, em decorrência de intuições também novas e intransferíveis, nascidas naturalmente de outras condições de vida e de práticas literárias, é que se poderá falar em novo sistema poético.

Antologia
(Metapoemas)

Bento Teixeira
(1565-1600)

PROSOPOPEIA

(1601)

PRÓLOGO

Dirigido a Jorge d'Albuquerque Coelho,
Capitão e Governador da Capitania
de Paranambuco, das partes do
Brasil da Nova Lusitânia etc.

Se é verdade o que diz Horácio[1] que Poetas e Pintores estão no mesmo predicamento;[2] e estes para pintarem perfeitamente uma Imagem, primeiro na lisa tábua fazem rascunho, para depois irem pintando os membros dela extensamente, até realçarem as tintas, e ela ficar na fineza de sua perfeição; assim eu, querendo

---

1 Horácio é responsável pela popularização da ideia de analogia entre poesia e pintura a partir de sua fórmula: *"Ut pictura poesis"* (*AP*, v.361).
2 *predicamento*: categoria, classe (nota da edição).

debuxar com obstardo³ pincel de meu engenho a viva Imagem da vida e feitos memoráveis de vossa mercê, quis primeiro fazer este rascunho, para depois, sendo-me concedido por vossa mercê, ir muito particularmente pintando os membros desta Imagem, se não me faltar a tinta do favor de vossa mercê, a quem peço, humildemente, receba minhas Rimas, por serem as primícias com que tento servi-lo. E porque entendo que as aceitará com aquela benevolência e brandura natural, que costuma, respeitando mais a pureza do ânimo que a vileza do presente, não me fica mais que desejar, se não ver a vida de vossa mercê aumentada e estado prosperado, como todos os seus súditos desejamos.

Beija as mãos de vossa mercê: (Bento Teixeira)
Seu vassalo.

I

Cantem Poetas o Poder Romano,
Submetendo Nações ao jugo duro;
O Mantuano⁴ pinte o Rei Troiano,
Descendo à confusão do Reino escuro,⁵
Que eu canto um Albuquerque soberano,
Da fé, da cara Pátria firme muro,
Cujo valor e ser, que Céu lhe inspira,
Pode estancar a Lácia e Grega lira.⁶

II

As Délficas irmãs⁷ chamar não quero,
Que tal invocação é vão estudo;
Aquele⁸ chamo só, de quem espero

---

3   *obstardo*: Celso Cunha e Carlos Duval, organizadores da edição, supõem que *obstardo* está por *obstado*, na acepção de tolhido, embaraçado, limitado.
4   *O Mantuano*: Virgílio, autor da *Eneida*.
5   *Reino escuro*: Enéias, herói da *Eneida*, desce ao *Inferno*.
6   *Pode estancar a Lácia e Grega lira*: imitação de *Os lusíadas*: "Cesse tudo que a Musa antiga canta/ Que outro valor mais alto se alevanta" (I, 3).
7   *As Délficas irmãs*: Musas que habitavam o Parnaso, monte da Grécia.
8   *Aquele*: Deus.

A vida que se espera em fim de tudo.
Ele fará meu Verso tão sincero,
Quanto fora sem ele tosco e rudo,[9]
Que per rezão[10] negar não deve o menos
Quem deu o mais a míseros terrenos.[11]

...

V

Mas em quanto Talia[12] não se atreve,
No Mar do valor vosso, abrir entrada,
Aspirai com favor a Barca leve
De Minha Musa inculta e mal limada.[13]
Invocar vossa graça mais se deve
Que toda a dos antigos celebrada,[14]
Porque ela me fará que participe.
Doutro licor melhor que o de Aganipe.[15]

...

XXIII

De lanças e d'escudos encantados
Não tratarei em numerosa Rima,
Mas[16] de Barões Ilustres afamados,[17]
Mais que quantos a Musa não sublima.
Seus heróicos feitos extremados

---

9 *rudo*: rude.

10 *Que per rezão*: por razão

11 *míseros terrenos*: os seres humanos. A designação se justifica retoricamente por um gesto de modéstia do homem clássico.

12 *Talia*: uma das Nereidas, divindades que conduziam as naus (nota da edição).

13 *Musa inculta e mal limada*: recursos retóricos para indicar a modéstia do autor. A referência ao trabalho da "lima" vem de Horácio (*AP*, c. 291)

14 A expressão do desejo de superar os antigos poetas, além de revelar o respeito por eles, funciona como forma hiperbólica para valorizar o objeto a que se refere o próprio poema.

15 *Aganipe*: fonte consagrada às musas.

16 *Mas*: mais, na edição.

17 Bento Teixeira segue o modelo camoniano: "As armas e os barões assinalados" (*Os lusíadas*, I, 1, 1).

Afinarão a dissonante prima,
Que não é muito tão gentil subjeito[18]
Suprir[19] com seus quilates meu defeito.

XXIV

Não quero no meu Canto alguma ajuda
Das nove moradoras de Parnaso,[20]
Nem matéria tão alta quer que aluda
Nada ao essencial deste meu caso.
Porque, dado que a forma se me muda,
Em falar a verdade serei raso,[21]
Que assim convém fazê-lo quem escreve,
Se à justiça quer dar o que se deve.

...

XXVII

As rédeas terá desta Lusitânia[22]
O grão Duarte, valeroso e claro,
Coelho por cognome, que a insânia
Reprimirá dos seus, com saber raro.
Outro Troiano Pio,[23] que em Dardânia[24]
Os Penates[25] livrou e o padre caro;
Um Públio Cipião,[26] na continência;
Outro Nestor[27] e Fábio,[28] na prudência.

...

---

18 *gentil subjeito*: nobre assunto, tema (nota da edição). Note-se que "subjeito" rima com "defeito".
19 *Suprir*: Suplir, na edição.
20 *Parnaso*: Monte da Grécia onde moravam as musas.
21 O poeta antigo sentia-se responsável pela fidelidade dos fatos narrados.
22 *desta Lusitânia*: o Brasil.
23 Duarte Coelho é comparado com Enéias. Esse tipo de comparação é comum em obras de extração clássica.
24 Alusão a episódio da *Eneida*, II, 634 e ss. (nota da edição).
25 *Penates*: os deuses domésticos.
26 *Públio Cipião*: cônsul romano.
27 *Nestor*: herói grego que participou da guerra contra Troia.
28 *Fábio*: cônsul romano.

XXX

O Princípio de sua Primavera
Gastarão seu destricto[29] dilatando,
Os bárbaros cruéis e gente Austera,
Com meio singular, domesticando.
E primeiro que a espada lisa e fera
Arranquem, com mil meios d'amor brando,
Pretenderão tirá-la de seu erro,
E senão porão tudo a fogo e ferro.[30]

XXXI

Os braços vigorosos e constantes
Fenderão peitos, abrirão costados,
Deixando de mil membros palpitantes
Caminhos, arraiais, campos juncados;
Cercas soberbas, fortes repugnantes
Serão dos novos Martes[31] arrasados,
Sem ficar deles todos mais memória
Que a qu'eu fazendo vou em esta História.

XXXII

Quais dous soberbos Rios espumosos,
Que, de montes altíssimos manando,
Em Tétis[32] de meter-se desejosos,
Vem com fúria crescida murmurando,

---

29 *destricto*: distrito.

30 Referência a um aspecto comum no processo de conquista: se os povos colonizados se submetessem pacificamente aos colonizadores, estes lhes tratavam com benevolência, mas se resistissem, como inimigos que precisavam ser subjugados. Esse princípio transparece até mesmo nos primeiros jesuítas, como na conhecida referência de José de Anchieta aos silvícolas brasileiro: "...para este gênero de gente não há melhor predicação que espada e vara de ferro, na qual mais que em nenhuma outra é necessário que se cumpra o 'compelere intrare'" (Leite, S., 1958, p.554-5).

31 *Martes*: Marte, deus da guerra.

32 *Tétis*: uma das Nereidas.

E nas partes que passam furiosos
Vem árvores e troncos arrancando,
Tal Jorge d'Albuquerque e o grão Duarte
Farão destruição em toda a parte.

XXXIII

Aquele branco Cisne venerando,
Que nova fama quer o Céu que merque,[33]
E me está com seus feitos provocando,
Que dele cante e sobre ele alterque;[34]
Aquele que na Idéia estou pintando,[35]
Hierônimo sublime d'Albuquerque
Se diz, cuja invenção, cujo artifício
Aos bárbaros[36] dará total exício.[37]

...

LXXXIV

Olhai aquele esforço antigo e puro
Dos ínclitos e fortes Lusitanos,
Da Pátria e liberdade um firme muro,
Verdugo de arrogantes Mauritanos;[38]
Exemplo singular para o futuro
Ditado[39] e resplendor de nossos anos,
Sujeito[40] mui capaz, matéria digna[41]
Da Mantuana e Homérica Buzina[42]

---

33 *merque*: adquira, conquiste.
34 *alterque*: debata.
35 *Idéia*: alusão ao arquétipo platônico.
36 *bárbaros*: os indígenas.
37 *exício*: destruição.
38 *Mauritanos*: os mouros.
39 *Ditado*: previsto, sugerido.
40 *Sujeito*: assunto.
41 *matéria digna*: como prescreviam as poéticas clássicas, o tema épico devia ter abrangência universal.
42 *Da Mantuana e Homérica Buzina*: eloquência vergiliana e homérica. Ao contrário da lírica, cuja ressonância ficava circunscrita ao interior do homem individual, a épica se destinava a ser modulada em tom elevado e coletivo.

...

Epílogo

XCIV

Aqui deu [fim] a tudo, e brevemente
Entra no Carro [de] Cristal lustroso;
Após dele a demais Cerúlea gente[43]
Cortando a veia[44] vai do Reino acoso.[45]
Eu, que a tal espetáculo presente[46]
Estive, quis em Verso numeroso
Escrevê-lo por ver que assim convinha
Para mais perfeição da Musa minha.

(*Prosopopeia*)

---

43 *Cerúlea* gente: habitantes do céu.
44 *veia*: veio, corrente de água.
45 *acoso*: aquoso.
46 Na poética clássica, o poeta se julgava porta-voz e testemunha dos fatos narrados, e a experiência consubstanciada na história era considerada um fator educativo.

Gregório de Matos
(1623/33-1695/96)

OBRA POÉTICA

AO CONDE DE ERICEIRA D. LUIZ DE MENEZES PEDINDO
LOUVORES AO POETA NÃO LHE ACHANDO
ELE PRÉSTIMO ALGUM.

1   Um soneto começo em vosso gabo;
Contemos esta regra por primeira,
Já lá vão duas, e esta é a terceira,
Já este quartetinho está no cabo.

2   Na quinta torce agora a porca o rabo:
A sexta vá também desta maneira,
na sétima entro já com grã canseira,
E saio dos quartetos muito brabo.

3   Agora nos tercetos que direi?
Direi, que vós, Senhor, a mim me honrais,
Gabando-vos a vós, e eu fico um Rei.

4   Nesta vida um soneto já ditei,
    Se desta agora escapo, nunca mais;
    Louvado seja Deus, que o acabei.[1]
    (*OP*, I, p.129-30)

RETRATA O POETA AS PERFEIÇÕES DE SUA SENHORA A IMITAÇÃO DE OUTRO SONETO QUE FEZ FELIPE IV A UMA DAMA SOMENTE COM TRADUZI-LO NA LÍNGUA PORTUGUESA.[2]

1   Se há de ver-vos, quem há de retratar-vos,
    E é forçoso cegar, quem chega a ver-vos,
    Se agravar meus olhos, e ofender-vos,
    Não há de ser possível copiar-vos.

2   Com neve, e rosas quis assemelhar-vos,
    Mas fora honra as flores, e abater-vos:
    Dois zéfiros por olhos quis fazer-vos,
    Mas quando sonham eles de imitar-vos?

3   Vendo que a impossíveis me aparelho,
    Desconfiei da minha tinta imprópria,
    E a obra encomendei a vosso espelho.

4   Porque nele com Luz, e cor mais própria
    Sereis (se não me engana o meu conselho)
    Pintor, Pintura, Original, e Cópia.[3]

    (*OP*, I, p.404)

---

1   O poeta brinca com a proverbial dificuldade inerente à construção do soneto.
2   *Filipe IV*: rei de Espanha e Portugal, de onde foi Filipe III de 1621 a 1640 (nota da edição).
3   A problematização do conceito de imitação funciona nesse poema como forma de exaltar a originalidade da beleza da amada.

CONTINUA BERNARDO VIEIRA RAVASCO[4] NO SEU PROPÓSITO
PELOS MESMOS CONSOANTES.

1   Nos assuntos, que dais à vossa fama,
    Têm as invejas mais ardente empresa,
    Pois se a glória do nome é mor grandeza,
    No vosso ascende mais ativa a chama.

2   A emulação, que sempre assim inflama,
    O seu incêndio exala à suma alteza,
    Mas esse incêndio em rara fortaleza
    Salamandra vos faz, Fênix aclama.

3   Quanto nas armas valeroso obrastes,
    Nas invejas prudente merecestes,
    Triunfando sempre nunca competistes.

4   Mas outra maior glória inda alcançastes;
    Não há Musa, que conte, o que excedestes,[5]
    Nem grandeza, que pague, o que servistes.

(*OP*, I, p.189)

---

4   *Bernardo Vieira Ravasco*: irmão do padre Antônio Vieira e poeta apreciado em sua época, nasceu em 1617 e morrreu em 1697 (nota da edição).
5   Na poética clássica, especialmente em sua forma épica, uma das funções da poesia era proclamar os nomes de heróis e personagens ilustres. A alusão à dificuldade de realizar tal propósito funcionava como argumento ou *topos* para indicar a grandeza do homenageado e, naturalmente, a capacidade criativa do poeta.

Roberto de Oliveira Brandão

AO MESMO SECRETÁRIO DE ESTADO BERNARDO VIEIRA PEDINDO UMAS OITAVAS AO POETA, EM TEMPO, EM QUE FAZIA ANOS CONVALESCENDO DE UMA GRAVE DOENÇA.

1   Oitavas canto agora por preceito,
    Sem que na oitava possa diligente
    Louvar as excelências de um sujeito,
    Que pode ser em tudo o melhor Lente:
    Mas como em mim não pode ser perfeito
    O canto, ficará menos cadente
    A música de Apolo, e de Talia,
    Que não há cantar bem sem melodia.

2   Se do tempo perfeito o meu compasso
    A compasso cantara neste canto,
    Não faltara à garganta agora o passo,
    E em passos de garganta fora espanto:
    Porém se em canto nunca da mão passo
    Como posso afinar no canto tanto,
    Que me atreva a cantar vossa ciência,
    Sem que falte ao compasso na cadência.

3   Canora a voz tomara, e tão suave,
    Que em passos largos, e ecos repetidos
    Sonora requintasse aquela clave,
    Em que fossem meus ecos esparcidos:[6]
    Porém se o vosso nome o canto grave
    Eleva suspendendo os mais sentidos,
    Com a voz, que formar o meu alento
    Chegar posso também ao Firmamento.

4   Discutindo esse globo de ciências
    No mapa desta esfera Americana,
    Acho um todo formado de excelências

---

6   *esparcidos*: sic.

Maravilha fatal em forma humana:
De modo se une, e formam as essências,
Que o natural as graças vos germana:
Mas que muito se vós no largo mundo
Sois da graça, e ciências tão fecundo.

5   Se emulações tiraram Luzimentos,
Que soube a natureza vincular-vos,
Apolo não perdera os pensamentos,
Temendo-se na empresa de louvar-vos:
Suspende a admiração os vãos intentos
Ao discurso, que emprende[7] realçar-vos,
Que a Musa enfraquecida, a pena leve
Nunca diz, o que sente, no que escreve.[8]

6   Deixem-se os Gregos já do seu Eliano,
Condenam a silêncio um Xenofonte,
Não louve Alexandria Herodiano,
Que na Bahia tem Timocreonte,
O qual pode ensinar Quintiliano,
Camões, Terêncio, Ênio, Anacreonte,
Platões, Anaximandros, e Musés,
Acusilaus, Priscianos, e a Timéus.

7   Nos anos climatéricos glorioso
Vosso nome será tão dilatado,
Que suba, onde o decrépito invejoso
O veja nas estrelas colocado:
Sereis novo Planeta luminoso,
E Sol em nova esfera sublimado,
Que, a quem o mundo singular aclama,
Só descansa no céu com ele a fama.

---

7   *emprende*: empreende.
8   Outra maneira de expressar o *topos* da limitação da escrita em relação ao pensado e ao sentido, sempre mais valiosos, por analogia à relação entre o corpo visível e o espírito apenas inteligível.

8   Separar vossas partes, e Louvores
    Absurdo fora certo, e averiguado,
    Que à grandeza dos orbes superiores
    Ninguém pode pôr termo limitado:
    Receba o infinito por maiores,
    Quem foi por singular ao mundo dado,
    Com que as partes publica deste modo,
    Quem de todo admirado admira a todo.

9   Cesse pois em louvar-vos minha pena,
    Que impossível será, que sem engano
    Presuma, que fazendo esta novena
    Vos possa ponderar em todo um ano:
    Este novo, e felice,[9] a que hoje ordena
    O Céu, lograi, Senhor, sem tanto dano,
    Porque sejam em vós os mais gloriosos
    Aqueles, que vos faltam de invejosos.

(*OP*, I, p.189-91)

---

9   *felice*: feliz.

A CHEGADA DO ILUSTRÍSSIMO SENHOR D. JOÃO FRANCO DE
OLIVEIRA TENDO SIDO JÁ BISPO EM ANGOLA.[10]

1   Hoje os Matos incultos da Bahia
    Se não suave for, ruidosamente
    Cantem a boa vinda do Eminente
    Príncipe desta Sacra Monarquia.[11]

2   Hoje em Roma de Pedro se lhe fia
    Segunda vez a Barca, e o Tridente,
    Porque a pesca, que fez já no Oriente,
    A destinou para a do meio-dia.

3   Oh se quisera Deus,[12] que sendo ouvida
    A Musa bronca dos incultos Matos
    Ficasse a vossa púrpura atraída!

4   Oh se como Arion, que a doces tratos
    Uma pedra atraiu endurecida,
    Atraísse eu, Senhor, vossos sapatos!

(*OP*, I, p.199)

---

10 *Dom João Franco de Oliveira*: arcebispo em Salvador de 1697 a 1700 (nota da edição).
11 O hábito de homenagear autoridades eclesiásticas que chegam à comunidade vem de longe. Veja-se o poema "Ao padre Costa", de Anchieta, em que se toma a vinda do superior heirárquico como motivo de renovação do espírito evangélico: "Viestes, mestre e doutor/ dos rudes e ignorantes,/ para sermos mais constantes/ no caminho do Senhor..." (*Poesias*, p.385-8).
12 *Arion*: músico ambulante que, protegido de Apolo, foi salvo de afogamento no mar por delfins enviados pelo deus (nota da edição).

COMO ACREDITOU ESTE PRELADO MAIS OS MEXERICOS DE CAVEIRA,[13] DO QUE AS LISONJAS DO POETA, LHE FEZ ESTA SÁTIRA.

1 Eu, que me não sei calar,
   mas antes tenho por míngua,
   não purgar-se qualquer língua
   a risco de arrebentar:
   vos quero, amigo, contar,
   pois sois o meu secretário,
   um sucesso extraordinário,
   um caso tremendo, e atroz;
   porém fique aqui entre nós.[14]

2 Do confessor Jesuíta,
   Que ao ladrão do confessado
   não só absolve o pecado,
   mas os furtos lhe alcovita:
   do Percursor da visita,
   que na vanguarda marchando
   vai pedindo, e vai tirando,
   o demo há de ser algoz:
   porém fique aqui entre nós.

3 O ladronaço em rigor
   não tem para que o dizer
   furtos, que antes de os fazer,
   já os sabe o confessor:
   cala-os para ouvir melhor,
   pois com ofício alternado
   confessor, e confessado

---

13 *Caveira*: apelido dado por G. M. ao deão André Gomes (nota da edição).
14 Este poema esboça uma retórica da denúncia (ou da maledicência), como variantes da sátira, encenando uma conversa à meia-voz entre duas pessoas.

ali se barbeiam sós:
porém fique aqui entre nós.

4   Aqui o Ladrão consente
sem castigo, e com escusa,
pois do mesmo se lhe acusa
o confessor delinquente:
ambos alternadamente
um a outro, e outro a um
o pecado, que é comum
confessa em comua voz:
porém fique aqui entre nós.

5   Um a outro a mor cautela
vem a ser neste acidente
confessor, e penitente,
porque fique ela por ela:
o demo em tanta mazela
diz: faço, porque façais,
absolvo, porque absolvais,
pacto inopinado pôs;
porém fique aqui entre nós.

6   Não se dá a este Ladrão
penitência em caso algum,
e somente em um jejum
se tira a consolação:
ele estará como um cão
de levar a bofetada:
mas na cara ladrilhada
emenda o pejo não pôs:
porém fique aqui entre nós.

7   Mecânica disciplina
vem a impor por derradeiro
o confessor marceneiro
ao pecador carapina:

e como qualquer se inclina
   a furtar, e mais furtar,
   se conjura a escavar
   as bolsas um par de enxós:
   porém fique aqui entre nós.

8 O tal confessor me abisma,
   que releve, e não se ofenda,
   que um Frade Sagrado venda
   o sagrado óleo da crisma:
   por dinheiro a gente crisma,
   não por cera, havendo queixa,
   que nem a da orelha deixa,
   onde crismando a mão pôs:
   porém fique aqui entre nós.

9 Que em toda a Franciscania
   não achasse um mau Ladrão,
   quem lhe ouvisse a confissão,
   mais que um padre da panhia![15]
   nisto, amigo, há simpatia,
   e é, porque lhe veio a pêlo,[16]
   que um atando vá no orelo,[17]
   e outro enfiando no cós:
   porém fique aqui entre nós.

10 Que tanta culpa mortal
   se absolva! eu perco o tino,
   pois absolve um Teatino
   pecados de pedra, e cal:
   quem em vida monacal
   quer dar à Filha um debate
   condenando em dote, ou date

---

15 *panhia*: da [Com]panhia de Jesus (nota da edição).
16 *veio a pêlo*: veio a propósito (nota da edição).
17 *orelo*: ourelo, por *ourela*, fita ou tira de pano grossa.

vem a dar-lhe o pão, e a noz;
porém fique aqui entre nós.

11 As Freiras com santas sedes
saem condenadas em pedra,
quando o ladronaço medra
roubando pedra, e paredes:
vós, amigo, que isto vedes,
deveis a Deus graças dar
por vos fazer secular,
e não zote[18] de albernoz:[19]
porém fique aqui entre nós.

(*OP*, I, p.212-5)

AO CAPITÃO JOSÉ PEREIRA, POR ALCUNHA O SETE CARREIRAS, LOUCO COM CAPRICHOS DE POETA, SENDO ELE IGNORANTÍSSIMO.

1 Amigo Senhor José,
não me fareis uma obra;
porque se a graça vos sobra,
me fazeis graça, e mercê:
fazei-me uma obra, em que
honra me deis aos almudes,[20]
e se em vossos alaúdes,
que Apolo vos temperou,
não cabe o pouco, que eu sou,
caberão vossas virtudes.

---

18 *zote*: idiota, ignorante, pateta (nota da edição).
19 *albernoz*: capa grosseira com mangas e capuz (nota da edição).
20 *almude*: antiga unidade de medida de capacidade para líquidos. No texto, indica grande quantidade.

2   Fazei-me uma obra, enquanto
    a Musa se me melhora,
    que eu prometo desde agora
    pagar-vos tanto por tanto:
    que como Deus é bom Santo,
    e não há ovo sem gema,
    sereis do meu plectro o tema,
    porque, a quem me faz um verso,
    não serei eu tão perverso,
    que lhe não faça um poema.

3   Saiam esses resplandores[21]
    essas luzes rutilantes,
    rubis, pérolas, diamantes,
    cravos, açucenas, flores:
    saiam da Musa os primores,
    que há hortelão da poesia,
    que gasta em menos de um dia
    de flores um milenário,
    e há Poeta Lapidário,
    gastador da pedraria.

4   Eu quatro versos fazendo
    não me meto em gasto tal,
    nem posso chamar cristal,
    a mão, que humana estou vendo:
    aos olhos, que ao que eu entendo,
    são de sangue dous pedaços,
    não chamo diamantes baços,
    porque os não tenho por tais,
    que há Poetas Liberais,
    e os meus são versos escassos.

---

21   *resplandores*: por *resplendores*.

5   Vós sois o Deus da poesia,
    que sobre o vosso Pegaso[22]
    andais mudando o Parnaso
    neste monte da Bahia:
    nos ensina aos praticantes
    tão graciosos consoantes,[23]
    que vos juro a Jesu[24] Cristo,
    que em quantos versos hei visto,
    não vi versos semelhantes.

6   Sois Poeta natural,
    e tendes sempre a mão cheia
    não só de Aganipe a veia,[25]
    mas na veia um mineral:
    correm por um manancial
    da vossa boca Aretusas,[26]
    e as nove Musas obtusas
    de ver o vosso partolo,
    em vez de Musas de Apolo,
    querem ser as vossas Musas.

(*OP*, I, p.280-2)

---

22 *Pegaso*: por *Pégaso* (o acento tônico na penúltima sílaba deveu-se à rima com Parnaso, no verso seguinte) (nota da edição).
23 *consoantes*: versos rimados (nota da edição).
24 *Jesu*: forma alatinada e popular de Jesus.
25 *Aganipe*: fonte da Beócia, formada por um coice de Pégaso, onde os poetas "bebiam" inspiração (nota da edição).
26 *Aretusa*: ninfa transformada em fonte pela deusa Ártemis (nota da edição).

AO DESEMBARGADOR DIONÍSIO DE ÁVILA VARREIRO[27] OUVIDOR
GERAL DO CÍVEL DESTE ESTADO DO BRASIL INDO A
PORTO SEGURO PRENDER TRINTA E SETE FACINOROSOS QUE
ANDAVAM ROUBANDO, MATANDO NAQUELA POVOAÇÃO,
SOMENTE COM CINCOENTA SOLDADOS DESTA PRAÇA E ALGUNS
ÍNDIOS, LÁ AGREGOU AÇÃO QUE SEM O FAVOR DIVINO
NÃO PUDERA CONSEGUIR ESFORÇO HUMANO.

1   Herói Númen, Herói soberano,
Cujo esforço, e conceito peregrino
Transcende os termos do limite humano,
E quase logra foros de divino:
Ouvi, se é, que as grandezas do Oceano
Cabem neste clarim tão pouco fino,
Que mais preclara tuba, e voz merece
Cam.   Quem a tamanhas cousas se oferece.

2   Tu, que abres o cristal da Aônia fonte,[28]
Ó doce Musa, se até agora ingrata,
Solta a corrente, porque em verso conte,
O que só cabe em lâminas de prata:
Fecunde esse cristal tão duro monte,
Que se fluido, e belo se desata.
Eu farei, que se admire no universo
Cam.   Se tão sublime preço cabe em verso.

3   Sê pródiga comigo, porque vejo,
Que hei de cantar proezas levantadas,
E do ouro, que cria o Largo Tejo

---

27 *Dionísio de Ávila Varreiro*: nomeado desembargador em 1689, fora ouvidor-geral de Pernambuco. O poema refere-se à repressão, em 1691, ao levante de quarenta paulistas na vila de Porto Seguro, de onde saía grande parte da farinha consumida em Salvador. Capturou os revoltosos, dos quais cinco sofreram pena capital e os demais, degredo para Angola (nota da edição).

28 *Aônia*: outro nome da Beócia, onde habitavam as musas dos montes Aônios (nota da edição).

	Te farei uns pendentes, e arracadas:²⁹
	Põe, Musa amada, fim ao meu desejo,
	E terás para o colo as congeladas
	Lágrimas puras, e no dedo amante
Cam.	Outra pedra mais clara, que diamante.

4 Nesta do mundo a mais mimosa parte,
   Em cujo soberano, e fértil pólo
   Vos reconhece o mundo novo Marte,
   Onde vos representa novo Apolo:
   Inculcando o valor, engenho e arte
   Inveja dos murmúrios de Pactolo,³⁰
   Mostrastes nesta ação, que tudo alcança
Cam. Em uma mão a pena e noutra a lança.

5 Para vencer os fortes adversários
   Vibrastes valeroso³¹ a dura espada,
   Para prender aspérrimos contrários
   Inculcastes idéia celebrada:
   Valor, e engenho foram necessários,
   Porque soubesse a fama remontada,
   Partistes tão guerreiro, quão fecundo
Cam. Ameaçando terra, mar, e mundo.

6 Com insultos, e roubos aleivosos
   Não perdoando vida, casa, ou muro
   Trinta e sete cruéis facinorosos
   Roubam a Povoação Porto Seguro:
   Para castigo destes criminosos
   O fado destinou celeste, e puro
   Esse braço, esse peito, esse conselho
Cam. Para leais vassalos claro espelho.

---

29 *arracadas*: sic.
30 *Pactolo*: por Páctolo (o acento tônico na penúltima sílaba deveu-se à rima com Apolo, no quarto verso), filho de Zeus e Leucotélia (nota da edição).
31 *valeroso*: por valoroso.

7   Eram tiranos tais, e de tal sorte,
      Que com nenhuma valia o medo, ou rogo,
      Despejavam, feriam, davam morte,
      Os povos assolando a ferro, e fogo[32]
      Qual atrevido rompe o muro forte,
      Qual temerário cerca a casa logo,
      Qual sem mudar cor, gesto, ou semblante
Cam.   Salteia o descuidado caminhante.

8   Incultas matas nunca penetradas,
      Subterrâneas cavernas, triste seio
      Destes bandidos[33] eram as moradas
      Do maior coração maior recreio:
      Aqui com tiranias desusadas
      Era comum no roubo o bem alheio,
      Deixando os povos, sítio, bens, e gados
Cam.   Mortos, perdidos, e desbaratados.

9   Esta pública fama, que amedrenta[34]
      A todo coração, a todo peito,
      Do Númen Português o braço alenta,
      Que iguala seu valor ao seu conceito:
      Intrépidos elege a cincoenta[35]
      Bem prevenidos para o grande efeito
      Únicos escolhidos na Bahia
Cam.   Dos belicosos peitos, que em si cria.

10   Luzidos todos, todos bem armados
      O sítio buscam dos cruéis bandidos:[36]

---

32 Ver nota 30 (p.101) referente a Bento Teixeira. Observa-se que, além de ser uma prática comum nos atos de conquista, o torneio linguístico era também um *topos* épico.
33 *vandidos*, na edição.
34 *amedrenta*: por amedronta. Observe-se que rima com *alenta*.
35 *cincoenta*: por *cinquenta*.
36 Idem nota 33.

| | Voam as plumas, pendem os traçados,
| | E os perros das clavinas dão latidos:
| | Lestos vão bacamartes carregados,
| | E os peitos mais seguros que luzidos,
| | Rijos estoques, carregadas clavas,
| Cam. | Partesanas[37] agudas, chuças bravas.

| 11 | Mais forte, mais bizarro, mais ufano
| | O invicto cabo para a empresa parte,
| | Por arnês[38] leva o peito do Tebano,
| | No talim[39] por espada o mesmo Marte:
| | Em uma mão aperta o ferro cano,
| | Na outra o freio, e inquirindo à parte
| | Todo o valor, que leva por muralha
| Cam. | Rompe, corta, desfaz, abola, e talha.

| 12 | Qual raio, que o trovão tem despendido
| | Contra a Nau sobre o túmido alabastro,
| | E tendo-a a voraz fogo reduzido
| | Em mil pedaços faz o grande mastro:
| | Tal se mostrou nas matas o temido
| | Contra os imigos[40] valeroso Astro:
| | Prostrando tudo sem temer agouros
| Cam. | Com ferro, fogo, setas, e pilouros.[41]

| 13 | Chegada a belicosa companhia
| | Do capitão valente industriada
| | Logo correu a fama, em como ia
| | E fugiu para o mato a gente irada:

---

37 *partesanas*: por partasana, alabarda de infantaria, comprida e larga (nota da edição).
38 *arnês*: antiga armadura de guerra.
39 *talim*: correia a tiracolo onde se carrega a espada ou outra arma.
40 *imigos*: por inimigos.
41 *pilouros*: por pelouros, balas de ferro ou pedra empregadas antigamente como peças de artilharia.

		Não sofrem dilação os da Bahia
		Intrépidos buscando a emboscada,
		Qualquer na mata salta tão ligeiro
Cam.		Que nenhum dizer pode, que é primeiro.

14 Não val[42] aos criminosos força, manha,
Golpes, reveses, tiros, e ameaços,
Mas buscando o seguro da montanha
Livrando as vidas vão nos próprios passos.
O Herói com os seus os acompanha,
Que é mais que humano esforço o de seus braços:
Bem se vê, porque em caso tão veemente,
Cam. Mais peleja o favor do céu, que a gente.

15 Dentro do bosque teatro enfim eleito
Se trava a briga de uma, e outra parte,
Quebra-se a espada, e sem romper o peito,
Que há Deus mais poderoso, que o Deus Marte:
Zune o pilouro sem fazer efeito,
Voa a seta, porém a si se parte,
Que quis Deus despertar no ato presente
Cam. Com tal milagre os ânimos da gente.

16 Teme o bando inimigo a resistência
Da belicosa, e forte companhia,
Vendo ali com certíssima evidência,
Que o Céu propício a todos defendia:
Trata da fuga, deixa a competência
Última resolução da cobardia:
O Céu o quis assim: porque se veja,
Cam. Que quem resiste, contra si peleja.

17 Fogem cobardes, que é cobarde o vício
Tratando a cara vida com despego,

---

42 *val*: por vale.

Qual porventura acha o precipício
Qual acha dita em se botar ao pego:
Não tendo já da liberdade indício
O criminoso bando iníquo, e cego,
Antes quer a mor risco aventurar-se
Cam. Que nas mãos inimigas entregar-se.

18 Nada lhe val que o Cabo diligente
Futuros antevendo, inopinados,
Fiado em Deus anima a sua gente
Talvez com a espada, e tal com os brados:
Esta é ocasião (diz o valente
Jurisconsulto aos férvidos soldados)
Que sempre alcançará fama perfeita
Cam. Quem do oportuno tempo se aproveita.

19 Isto ouvindo os belígeros guerreiros,
Bem que a maleza inculta os embaraça,
Raivosos acometem, quais rafeiros
Quando armado o novilho vêem na praça:
Rende-se o bando a tais aventureiros,
Que em duas cordas a um, e outro enlaça:
Assim o Cabo pôs em dura liga
Cam. A vil malícia, pérfida, inimiga.

20 Prende homicida a mão a dura algema,
Ao pescoço grilhão férreo, e seguro,
Não porque o Númen seu esforço tema,
Mas por exemplo ao século futuro:
Qual temendo o patíbulo blasfema,
Qual por desesperado está seguro,
Temendo suas culpas desta sorte
Cam. Que o menor mal de todos seja a morte.

21 Enquanto ao ar os gritos atroavam,
Que os céus, e os corações duros feriam,
O seu mesmo despojo lhes mostravam,

| | Que com dobrada pena alheio viam:
| | Pistolas, e espingardas, que atiravam,
| | Duros alfanjes, que um arnês abriam,
| | Guarnecendo-se tudo, o que se alega,
| Cam. | o metal, que a fortuna a tantos nega.

| 22 | Enfim permitiu Deus, que tudo ordena,
| | Esta ação, tão feliz, tão venturosa
| | Sem ferida, estocada alguma ou pena
| | Entre gente tão árdua, e belicosa:
| | Milagre augusto foi da Mão serena
| | Divina em tudo, em tudo poderosa,
| | Só um índio dirá com voz sentida
| Cam. | Esta perna trouxe eu de lá ferida.

| 23 | Alegre com a empresa desejosa
| | Corta o Cabo a espessura, e busca a via,
| | Não faltando da esquadra criminosa
| | Algum, que não prendesse neste dia:
| | Marcha triunfando a gente belicosa,
| | Pasmam de ver os Filhos da Bahia
| | O sucesso, a prisão, os Rebelados,
| Cam. | As armas, e os varões assinalados.

| 24 | Já divulgava a fama a novidade
| | Pela gente em contorno mais distante,
| | Porque as ruas pisava da cidade
| | O Númen dos bandidos triunfante:
| | Por ver o herói brasão da eternidade
| | O povo corre, e muda de semblante:
| | Enchem a praça, ruas, e janelas
| Cam. | Velhos, e Moços, Damas e Donzelas.

| 25 | Qual Paulo Emílio, quando entrou por Roma[43]
| | Com Perseu preso, e sua fidalguia,

---

43 *Paulo Emílio*: Paulo Lúcio Emílio, dito Paulo Macedônio, foi general romano

	Sendo o despojo, que recolhe, e toma
	Quatrocentas coroas, que trazia:
	Vós mereceis mais numerosa soma,
	Porque unindo ciência à valentia
	Mereceis as marciais, também as de ouro
Cam.	Do Bacaro, e do sempre verde Louro.[44]

26 Chega a Palácio, onde é recebido
    Com alegria, amor, e autoridade:
    E depois que o sucesso foi ouvido,
    Pôs o despojo aos pés da Majestade:
    O Governador sábio, e entendido
    De Pedro imagem, vendo a lealdade,
    Valor, prudência, e esforço do sujeito
Cam. Tais palavras tirou do esperto peito.

27 Esse despojo, ó Herói sublimado,
    Como de armas te foi, armas te sejam,
    Com teu esforço insigne as tens ganhado,
    No teu escudo eternamente estejam
    Por elas conhecido, e afamado
    Serás entre Heróis, que mais se invejam,
    Que bem merece ter armas por glória
Cam. Quem faz obras tão dignas de memória.

28 Debuxa em bronze, ou metal luzido
    Insígnias tais, escreve este letreiro
    "São as armas do sábio, e do temido
    Dionísio de Ávila Varreiro"
    Elas por este nome alto, e subido
    Nome terão em todo o mundo inteiro:

---

que subjugou os lusitanos (190-189 a. C.) e os piratas lugúrios (181 a. C.), além de concluir a terceira guerra macedônia ao aprisionar o rei Perseu em Pidna (186 a. C.) (nota da edição).

44 *Bacaro*: por *bácaro*, planta com a qual se faziam grinaldas e coroas de vitória. O *louro* tinha a mesma função (nota da edição).

		Tu por elas lugar te tem a idade
Cam.		No templo da suprema eternidade.

29 Essas armas com estes caracteres
Pinta no escuro de ouro transparente,
Porque o mundo conheça, sempre seres
Por Letras, e por armas excelente:
Desde a Tétis[45] furiosa e flava Ceres[46]
Teu nome se eternize permanente
Levando-o por assunto à doce Clio
Cam. Desde o trópico ardente ao cinto frio.

30 Assim disse, e parou, e eu assim faço,
Suspendendo a corrente à veloz Musa,
Pois quanto mais dissera, fora a um Traço
Breve gota das águas de Aretusa:[47]
Não cabe a larga via em breve passo,
Dar conceitos a idéia já recusa,
E prosseguir mais avante fora erro,
Cam. Ainda que eu tivera a voz de ferro.

(*OP*, I, p.311-8)

---

45 *Tétis*: filha de Urano e Geia, é representada guiando um carro puxado por quatro cavalos marinhos, ao qual secundam tritões que tocam trombetas, as Oceânidas e os delfins (nota da edição).
46 *Ceres*: nome romano de Deméter, deusa-mãe que ensinou os homens a semear e colher o trigo para fabricar pão.
47 *Aretusa*: ninfa transformada em fonte pela deusa Ártemis (nota da edição).

PONDO OS OLHOS PRIMEIRAMENTE NA SUA CIDADE CONHECE,
QUE OS MERCADORES SÃO O PRIMEIRO MOVEL DA RUÍNA,
EM QUE ARDE PELAS MERCADORIAS INÚTEIS, E ENGANOSAS.

1   Triste Bahia! Oh quão dessemelhante[48]
    Estás, e estou do nosso antigo estado!
    Pobre te vejo a ti, tua a mi empenhado,
    Rica te vejo eu já, tua a mi abundante.

2   A ti trocou-te a máquina mercante,[49]
    Que em tua larga barra tem entrado,
    A mim foi-me trocando, e tem trocado
    Tanto negócio, e tanto negociante.

3   Deste em dar tanto açúcar excelente
    Pelas drogas inúteis, que abelhuda
    Simples aceitas do sangaz Brichote.[50]

4   Oh se quisera Deus, que de repente
    Um dia amanheceras tão sisuda
    Que fora de algodão o teu capote!

(OP, I, p.333)

---

48 A estrutura sintática deste poema está decalcada na de outro, do poeta barroco português Francisco Rodrigues Lobo (1580-1622), cujo primeiro verso é: "Formoso Tejo meu, quão diferente".

49 *máquina mercante*: as naus de comércio (nota da edição).

50 *simples*: sinônimo de *drogas*, remédios; *sangaz*: por *sagaz*; *brichote*: termo pejorativo de *estrangeiro* (nota da edição).

DEFENDE O POETA POR SEGURO, NECESSÁRIO, E RECTO SEU PRIMEIRO INTENTO SOBRE SATIRIZAR OS VÍCIOS.

1   Eu sou aquele, que os passados anos
    cantei na minha lira maldizente
    torpezas do Brasil, vícios, e enganos.

2   E bem que os decantei bastantemente,
    canto segunda vez na mesma lira
    o mesmo assunto em plectro diferente.

3   Já sinto, que me inflama, ou que me inspira
    Talia, que Anjo é da minha guarda,
    Dês que Apolo mandou, que me assistira.

4   Arda Baiona,[51] e todo o mundo arda,
    Que, a quem de profissão falta à verdade,
    Nunca a Dominga das verdades tarda.

5   Nenhum tempo excetua a Cristandade
    Ao pobre pegureiro do Parnaso
    Para falar em sua liberdade.

6   A narração há de igualar ao caso,
    E se talvez ao caso não iguala,
    Não tenho por Poeta, o que é Pegaso.

7   De que pode servir calar, quem cala,
    Nunca se há de falar, o que se sente?
    Sempre se há de sentir, o que se fala!

8   Qual homem pode haver tão paciente,
    Que vendo o triste estado da Bahia,
    Não chore, não suspire, e não lamente?

---

51 *Baiona*: cidade da Galiza, mas como substantivo comum *baiona* significa "urtiga" (nota da edição).

9   Isso faz a discreta fantasia:[52]
    Discorre em um, e outro desconcerto,
    Condena o roubo, e increpa a hipocrisia.

10 O néscio, o ignorante, o inexperto,
    Que não elege o bom, nem mau reprova,
    Por tudo passa deslumbrado, e incerto.

11 E quando vê talvez na doce trova
    Louvado o bem, e o mal vituperado,
    A tudo faz focinho, e nada aprova.

12 Diz logo prudentaço, e repousado,
    Fulano é um satírico, é um louco,
    De língua má, de coração danado.

13 Néscio: se disso entendes nada, ou pouco,
    Como mofas com riso, e algazaras
    Musas, que estimo ter, quando as invoco?

14 Se souberas falar, também falaras,
    Também satirizaras, se souberas,
    E se foras Poeta, poetizaras.

15 A ignorância dos homens destas eras
    Sisudos faz ser uns, outros prudentes,
    Que a mudez canoniza bestas feras.

16 Há bons, por não poder ser insolentes,
    Outros há comedidos de medrosos,
    Não mordem outros não, por não ter dentes.

17 Quantos há, que os telhados têm vidrosos,
    E deixam de atirar sua pedrada
    De sua mesma telha receosos.

---
52 *fantesia*, na edição consultada.

18   Uma só natureza nos foi dada:
Não criou Deus os naturais diversos,
Um só Adão formou, e esse de nada.

19   Todos somos ruins, todos perversos,
Só nos distingue o vício, e a virtude,
De que uns são comensais, outros adversos.

20   Quem maior a tiver, do que eu ter pude,
Esse só me censure, esse me note,
Calem-se os mais, chitom,[53] e haja saúde.

(OP, I, p.366-8)

EM TEMPO QUE GOVERNAVA ESTA CIDADE DA BAHIA O MARQUÊS DAS MINAS AJUÍZA O POETA COM SUTILEZA DE HOMEM SAGAZ, E ENTENDIDO O FOGO SELVAGEM, QUE POR MEIO DA URBANIDADE SE INTRODUZIU EM CERTA CASA.

1   Cansado de vos pregar
cultíssimas profecias,
quero das culteranias
hoje o hábito enforcar:
de que serve arrebentar,
por quem de mim não tem mágoa?
verdades direi como água,
porque todos entendais
os ladinos, e os boçais
a Musa praguejadora.
Entendeis-me agora?

---

53 *chitom*: silêncio! (ou também cale-se!) (nota da edição).

2   O falar de intercadência
    entre silêncio, e palavra,
    crer, que a testa se vos abra,
    e encaixar-vos que é prudência:
    alerta homens de Ciência,
    que quer o Xisgaravis,[54]
    que aquilo, que vos não diz
    por lho impedir a rudeza,
    avalieis madureza,
    sendo ignorância traidora.
    Entendeis-me agora?

3   Se notais ao mentecapto
    a compra do Conselheiro,
    o que nos custa dinheiro,
    isso nos sai mais barato:
    e se da mesa do trato,
    de bolsa, ou da companhia
    virdes levar Senhoria
    mecânicos deputados;
    crede, que nos seus cruzados
    sangue esclarecido mora.
    Entendeis-me agora?

4   Se hoje vos fala de perna,
    quem ontem não pôde ter
    ramo, de quem descender
    mais que o da sua taverna:
    tende paciência interna,
    que foi sempre D. Dinheiro
    poderoso Cavalheiro,
    que com poderes iguais
    faz iguais aos desiguais,
    e Conde ao vilão cad'hora.
    Entendeis-me agora?

---

54 *Xisgaravis*: pessoa intrometida (nota da edição).

5   Se na comédia, ou sainete
virdes, que um D. Fidalgote
lhe dá no seu camarote
a xícara de sorvete:
havei dó do coitadete,
pois numa xícara só,
seu dinheiro bebe em pó,
que o Senhor (cousa é sabida)
lhe dá a chupar a bebida,
para chupá-la num'hora.
Entendeis-me agora?

6   Não reputeis por favor,
nem temeis por maravilha
vê-lo jogar a espadilha
co[55] Marquês, co grão Senhor:
porque como é perdedor,
e mofino adredemente,
e faz um sangue excelente
a qualquer dos ganhadores,
qualquer daqueles Senhores
por fidalgo igual o adora.
Entendeis-me agora?

(*OP*, I, p.368-70)

---

55 *co*: por *com*.

AO MESMO ASSUNTO.[56]

1   Debuxo singular, bela pintura,
    Adonde a Arte hoje imita a Natureza,
    A quem emprestou cores a Beleza,
    A quem infundiu alma a Formosura.

2   Esfera breve: aonde por ventura
    O Amor, com assombro, e com fineza
    Reduz incompreensível gentileza,
    E em pouca sombra, muita luz apura.

3   Que encanto é este tal, que equivocada
    Deixa toda a atenção mais advertida
    Nessa cópia à Beleza consagrada?

4   Pois ou bem sem engano, ou bem fingida
    No rigor da verdade estás pintada,
    No rigor da aparência estás com vida.

(*OP*, I, p.402)

- LISONJEIA OS SENTIMENTOS DE DONA VITÓRIA COM ESTE SONETO FEITO EM SEU NOME.

1   Alma ditosa, que na empírea corte[57]
    Pisando estrelas vais de sol vestida,
    Alegres com te ver fomos na vida,
    Tristes com te perder somos na morte.

---

56 Refere-se ao poema anterior na edição: "Viu uma manhã de Natal as três irmãs, a cujas visitas fez as seguintes décimas".
57 Este poema reproduz, com pequenas diferenças, o soneto de Camões cujo primeiro verso é: "Alma minha gentil que te partiste".

2   Rosa encarnada, que por dura sorte
    Sem tempo do rosal foste colhida,
    Inda que melhoraste na partida,
    Não sofre, quem te amou, pena tão forte.

3   Não sei, como tão cedo te partiste
    Da triste Mãe, que tanto contentaste,
    Pois partindo-te, a alma me partiste.

4   Oh que cruel comigo te mostraste!
    Pois quando a maior glória te subiste,
    Então na maior pena me deixaste.

(*OP*, I, p.410-1)

PRETENDE[58] O POETA CONSOLAR O EXCESSIVO SENTIMENTO DE VASCO DE SOUZA COM ESTE SONETO.[59]

1   Sôbolos rios, sôbolas torrentes[60]
    De Babilônia o Povo ali aprimido
    Cantava ausente, triste, e afligido
    Memórias de Sião, que tem presentes.

2   Sôbolas do Caípe águas correntes
    Um peito melancólico, e sentido
    Um anjo chora em cinzas reduzido,
    Que são bens reputados sobre ausentes.

---

58 *pertende*, na edição consultada.
59 Camões já havia feito um poema com o tema do Salmo 136. Ver "Babel e Sião", *Obras completas*, (1947, v.I, p.101).
60 *sôbolas*: sobre os (nota da edição).

3   Para que é mais idade, ou mais um ano,
    Em quem por privilégio, e natureza
    Nasceu flor, a quem um sol faz tanto dano?

4   Vossa prudência pois em tal dureza
    Não sinta a dor, e tome o desengano
    Que um dia é eternidade de beleza.

(OP, I, p.411-2)

LISONJEIA OUTRA VEZ IMPACIENTE A RETENÇÃO DE SUA MESMA DESGRAÇA. ACONSELHANDO A ESPOSA NESTE REGALADO SONETO.[61]

1   Discreta, e formosíssima Maria,
    Enquanto estamos vendo a qualquer hora
    Em tuas faces a rosada Aurora,
    Em teus olhos, e boca o Sol, e o dia:

2   Enquanto com gentil descortesia
    O ar, que fresco Adonis te namora,
    Te espalha a rica trança voadora,
    Quando vem passear-te pela fria:[62]

3   Goza, goza da flor da mocidade,
    Que o tempo trota[63] a toda ligeireza,
    E imprime em toda a flor sua pisada.

---

61 Este poema é paráfrase dos poemas de Gôngora: "Mientras por competir con tu cabello" (son. 228) e "Ilustre e hermosísima María" (son. 235).

62 *pela fria*: pela madrugada (nota da edição).

63 *trota*: em outras edições vem "*trata*". A ideia de "passar rápido do tempo", implícita no verbo *trotar*, tem justificativa na própria obra de Gregório de Matos. Ver o poema cujo primeiro verso é: "Os dias se vão/ os tempos se esgotam,/ para todos trotam,/ só para mim não:/ (...) " (*OC.*, I, p.505).

4   Oh não aguardes, que a madura idade
    Te converta em flor, essa beleza
    Em terra, em cinza, em pó, em sombra, em nada.

    (*OP*, I, p.507)

CASADO JÁ O POETA, ENTRA AGORA POR RAZÃO DE
HONESTIDADE A MUDAR-LHE O NOME NAS OBRAS SEGUINTES.
LISONJEIA-LHE O REPOUSO EM UM DOS PRIMEIROS DIAS
DO NOIVADO NO SÍTIO DE MARAPÉ.

1   À margem de uma fonte, que corria
    Lira doce dos pássaros cantores
    A bela ocasião das minhas dores
    Dormindo estava ao despertar do dia.

2   Mas como dorme Sílvia, não vestia
    O Céu seus horizontes de mil cores;
    Dominava o silêncio sobre flores,
    Calava o mar, e rio não se ouvia.

3   Não dão o parabém à bela Aurora
    Flores canoras, pássaros flagrantes,
    Nem seu âmbar respira a rica Flora.

4   Porém abrindo Sílvia os dois diamantes,
    Tudo à Sílvia festeja, e tudo a adora,
    Aves cheirosas, flores ressonantes.

    (*OP*, I, p.520)

CONTRA OUTROS SATIRIZADOS DE VÁRIAS PENAS QUE O ATRIBUÍRAM[64] AO POETA, NEGANDO-LHE A CAPACIDADE DE LOUVAR.

1   Saiu a sátira má,
    e empurraram-ma os perversos
    que nisto de fazer versos
    eu só tenho jeito cá:
    noutras obras de talento
    eu sou só o asneirão,
    em sendo sátira, então
    eu só tenho entendimento.

2   Acabou-se a Sé, e envolto
    na obra o Sete Carreiras
    enfermou de caganeiras,
    e fez muito verso solto:
    tu, que o Poeta motejas,
    sabe, que andou acertado
    que pôr na obra louvado
    é costume das Igrejas.

3   Correm-se muitos carneiros
    na festa das Onze mil,[65]
    e eu com notável ardil
    não vou ver os cavaleiros:
    não vou ver, e não se espantem,
    que algum testemunho temo,
    sou velho, pelo que gemo,
    não quero, que mo levantem.

4   Querem-me aqui todos mal,
    mas eu quero mal a todos,

---

64 *attribuhirão*, na edição consultada.
65 Refere-se à festa pomovida pela Confraria das Onze Mil Virgens ou Santas Virgens, criada em Salvador no ano de 1584 (nota da edição).

eles, e eu por nossos modos
nos pagamos tal por qual:
e querendo eu mal a quantos
me têm ódio tão veemente
o meu ódio é mais valente,
pois sou só, e eles são tantos.

5 Algum amigo, que tenho,
(se é, que tenho algum amigo)
me aconselha, que, o que digo,
o cale com todo o empenho:
este me diz, diz-me estoutro,
que me não fie daquele,
que farei, se me diz dele,
que me não fie aqueloutro.

6 O Prelado com bons modos
visitou toda a cidade,
é cortesão na verdade,
pois nos visitou a todos:
visitou a pura escrita
o Povo, e seus comarcãos,
e os réus de mui cortesãos
hão de pagar a visita.

7 A Cidade me provoca
com virtudes tão comuas:
há tantas cruzes nas ruas,
quantas eu faço na boca:
os diabos a seu centro
foi cada um por seu cabo,
nas ruas não há um diabo,
há os das portas a dentro.

8 As damas de toda a cor
como tão pobre me vêem,
as mais lástimas me têm,

as menos me têm amor:
o que me tem admirado
é, fecharem-me o poleiro
logo acabado o dinheiro,
deviam ter-mo contado.

(*OP*, I, p.541-3)

A UM FULANO DA SILVA EXCELENTE CANTOR, OU POETA.

1   Tomas a Lira, Orfeu divino, tá,[66]
     A lira larga de vencido, que
     Canoros pasmos te prevejo, se
     Cadências deste Apolo ouviras cá.

2   Vivas as pedras nessas brenhas lá
     Mover fizeste, mas que é nada vê:
     Porque este Apolo em contrapondo o ré,
     Deixa em teu canto dissonante o fá.

3   Bem podes, Orfeu, já por nada dar
     A Lira, que nos astros se te pôs
     Porque não tinha entre os dous Pólos par.

4   Pois o Silva Arião[67] da nossa foz
     Dessas sereias músicas do mar
     Suspende os cantos, e emudece a voz.

(*OP*, I, p.544-5)

---

66   *tá*: *ta*, na edição utilizada.
67   *Arião*: músico ambulante que, protegido por Apolo, foi salvo de afogamento no mar por delfins enviados pelo deus (nota da edição).

A ESTA DÉCIMA[68] RESPONDEU O POETA COM ESTE SONETO.

1 De repente, e cos mesmos consoantes
  Não o fazem Poetas negligentes,
  Um Apolo o fará Mestre das gentes,
  E vós, Gonçalo, Sol dos Estudantes.

2 A princípios tão raros, e elegantes
  As Musas já se prostram reverentes,
  Querendo duplicar-vos muitas frentes,
  Porque um laurel não são lauréis bastantes

3 Canta pois, doce espírito engenhoso,
  Nunca a Lira deponhas, nem suspendas,
  Porque das nove o coro soberano

4 Se põem no Sacro Monte deleitoso
  Umas, porque Mecenas as acendas,
  Outras, porque as emendes Mantuano.

(*OP*, I, p.546)

---

68 *A ESTA DÉCIMA*: refere-se ao poema anterior, na edição usada: *Na república, Senhor* (I, p.546).

RESPOSTA DO VIGÁRIO LOURENÇO RIBEIRO ESCANDALIZADO DE QUE O POETA O[69] SATIRIZASSE DO MODO QUE FICA DITO.

1   Doutor Gregório Guaranha,
    pirata do verso alheio,
    caco,[70] que o mundo tem cheio,
    do que de Quevedo apanha:
    já se conhece a maranha
    das poesias, que vendes
    por tuas,[71] quando as emprendes[72]
    traduzir do Castelhano;
    não te envergonhas, magano?[73]

2   Cuida o mundo, que são tuas
    as sátiras, que acomodas,
    supondo que a essas todas
    pode chamar obras suas:
    os rapazes pelas ruas
    o andam publicando já,
    e o mundo vaia te dá,
    quando vê tal desengano:
    não te envergonhas, magano?

3   O soneto, que mandaste
    ao Arcebispo elegante
    é de Góngora ao Infante
    Cardeal, e o furaste:
    logo mal te apelidaste

---

69 *Ó*, na edição consultada.
70 *Caco*: filho de Vulcano, aparece na mitologia como ladrão de gado. Gregório de Matos usa muitas vezes a palavra como sinônimo de *ladrão* (nota da edição).
71 *por tuas*: declarações como essas reforçaram na crítica tradicional a ideia de que Gregório seria plagiário confesso.
72 *emprendes*: por *empreendes*.
73 *magano*: atrevido, malicioso, indivíduo de baixa extração.

o Mestre da poesia
furtando mais em um dia,
que mil ladrões em um ano:
não te envergonhas, magano?

4   Cuidas, que os outros não sabem?
    o que sabes, é mui pouco,
    e assim te gabas de louco
    temendo, que te não gabem:
    só nos ignorantes cabem
    as asneiras, que em ti vemos,
    pelas quais te conhecemos
    seres das honras tirano:
    não te envergonhas, magano?

5   Não há no mundo soldado,
    cavalheiro, homem ciente,
    que tu logo maldizente
    não deixes vituperado:
    porém dizes mal do honrado
    ou por ódio, ou por inveja,
    ou porque o teu gênio seja
    fazer aos honrados dano:
    não te envergonhas, magano?

6   Dizes mal alguma vez,
    dos que não procedem bem;
    mas dirás, que não convém,
    por serem, como tu és:
    dizer do Pai, que te fez,
    que bem tens, que dizer dele
    o mal, que há na tua pele,
    já que ninguém te acha humano:
    não te envergonhas, magano?

7   Se com sátiras tu só
    a todos desacreditas,

trazendo sempre infinitas
no forge[74] de teu Avô:
como não temes, que o pó
te sacuda algum bordão:
pois sabes, que a tua mão
não pega obras de Vulcano!
não te envergonhas, magano?

8   Sendo Neto de um Ferreiro
trazes espada de pau,
nisso fazes, berimbau,
o adágio verdadeiro:
porém se em nada és guerreiro,
para que te chamas guerra,
e a fazes a toda a terra
co'a língua, que é maior dano?
não te envergonhas, magano?

9   Tua avó, de quem tomaste
de Guerra o falso apelido
a um, e a outro marido
lhe fez de cornos engaste:
se temes, que te não baste
por agora, o que ela fez,
na tua cabeça vês
milhares deles cada ano:
não te envergonhas, magano?

10 Sendo casado em Lisboa,
Achava logo qualquer
remédio em tua mulher,
e se provou, era boa:
a fama desta outra soa
não menos que na Bahia;

---

74 *forge*: provavelmente por *alforje*.

sendo tua não podia
deixar de ter gênio humano:
não te envergonhas, magano?

11 Pois é cousa bem sabida,
que o teu casamento sujo
veio por um Araújo,
que a tinha bem sacudida:
casou contigo saída
da casa dele, onde esteve
por sua amiga, e não deve
dizer alguém, que te engano:
não te envergonhas, magano?

12 Fazes o que fez teu Pai,
porque a mesma fama cobres,
que por fazer bem a pobres
amou muito à tua Mãe:
na tua progênie vai
herdado como de ofício,
pois toma por exercício
dar carne ao gênero humano:
não te envergonhas, magano?

13 Tuas irmãs se casaram
publicamente furtadas,
e há, quem diga, que furadas
d'outros, que se não declaram:
oh se as paredes falaram!
inda hoje bem poderias
ouvir várias putarias
de tanto caminho lhano:
não te envergonhas, magano?

14 Teu Pai foi outro Gregório
no pouco asseio, e limpeza,
de cuja muita escareza,
se lembra este território:

que andou roto com notório
escândalo, até fazer
o luto, que quis trazer
por certo Rei em tal ano:
não te envergonhas, magano?

15   De teus Irmãos te asseguro,
Que têm sido na Bahia
Um labéu da companhia,
outro sequaz do Epicuro:
mas ambos juntos te juro,
que em nenhum vício te igualam;
oh que de causas se falam,
e todas tanto em teu dano!
não te envergonhas, magano?

16   Dizes, que dos Pregadores
o sol é teu Irmão, quando
Vieira está-se aclamando
pelo melhor dos melhores?
dizes, que aos esfregadores
pode dar ele lições;
não sabes quantos baldões
tem sofrido pelo cano?
não te envergonhas, magano?

17   Diga esse Frade maldito,
se injuriado ficou,
quando co'a negra se achou
na mesma cama do Brito:
sei, que se ria infinito,
quando o Pintor lhe quis dar
depois de o injuriar,
vendo-o com a amiga ufano:
não te envergonhas, magano?

18   O que se riu numa festa,
dando ele satisfação

d'alma daquele sermão
publicou, que era mui besta:
e se tudo isto não presta,
para maior glória sua,
veja-se amando a Perua
que diz, que Eusébio é seu mano:
não te envergonhas, magano?

19   Se teu irmão este é,
como é sol dos Pregadores?
e se tens erros maiores,
que nome é bem, que te dê?
lembra-te o quanto na Sé
escandalizou a todos
o pícaro dos teus modos,
amando sempre o profano:
não te envergonhas, magano?

20   Por não querer confessar-te,
o Cura te declarou,
e esta Quaresma tornou
o Vigário a declarar-te:
da Igreja o vi lançar-te
em uma solene festa;
mas tu de uma ação como esta
não te corres, sendo humano:
não te envergonhas, magano?

21   Tens mudado mais estados,
que formas teve Proteu,
não sei, que estado é o teu,
depois de tantos mudados:
sei, que estamos admirados
de te vermos rejeitar
a murça capitular,
para casar como insano:
não te envergonhas, magano?

22 A nenhum jurista vês
    que logo não vituperes,
    chamando-lhe néscio, e queres
    contradizer, quanto lês:
    eu sei, que mais de uma vez
    disseste já na Bahia,
    que Bártolo não sabia,
    e que era um asno Ulpiano:[75]
    não te envergonhas, magano?

23 Arrezoando em um feito,
    por mofar do Julgador,
    fizeste do mal pior,
    fazendo torto e direito:
    porém se no teu conceito
    todos os mais sabem nada,
    tua ciência é palhada,
    se se vê com desengano:
    não te envergonhas, magano?

24 Lembra-te, quando o Prelado
    pelas tuas parvoíces
    decretou, que te despisses
    do hábito atonsurado:
    não ficaste envergonhado,
    porque não há, quem te ponha
    na cara alguma vergonha
    ante o Povo Baiano:
    não te envergonhas, magano?

25 Vieste de Portugal
    acutilado, e ferido,
    e do Burgo socorrido,
    a quem pagaste tão mal:

---

75 *Ulpiano*: grande jurista romano da época imperial, viveu no século III (nota da edição).

essa sátira fatal
te desterrou a esta terra,
mas cutiladas em guerra
sempre as de o valor humano:
não te envergonhas, magano?

26 Admira excessivamente,
que mandando-te apear
certo homem para te dar
disseste "não sou valente":
mas se és galinha entre gente,
assim havias fazer,
cacarejar, e correr,
que em ti é ofício lhano:
não te envergonhas, magano?

27 Fala de ti, que bem tens,
que falar de ti, Gregório,
e a todo o mundo é notório,
que tens males, e não bens:
não queiras pôr-te aos iténs,
com quem sobre castigar-te
sei, que há de esbofetear-te,
e com este desengano,
não te envergonhas, magano?

28 Vê, que te quero cascar
por outra sátira agora,
pois nem a ver o sol fora,
queres à porta chegar:
pois sabe, que hás de apanhar
mais de quatro bordoadas,
e com maiores pancadas,
que as do teu papel insano:
não te envergonhas, magano?

(*OP*, I, p.603-10)

Manuel Botelho de Oliveira
(1636-1711)

(*Música do Parnasso*)
(1705)

AO EXCELENTÍSSIMO

Senhor D. Nuno Álvares Pereira de Melo, Duque do Cadaval, Marquês de Ferreira, Conde de Tentúgal, Alcaide-mor das Vilas e Castelos de Olivença, e Alvor, Senhor das Vilas de Tentúgal, Buarcos, Vila Nova Dansos, Rabaçal, Alvaiazere, Penacova, Mortágua, Ferreiradaves, Cadaval, Cercal, Peral, Vilaboa, Vilarruiva, Albergaria, Água de Peixes, Mujem, Noudar e Barrancos: Comendador das Comendas de Grândola, Sardoal, Eixo, Morais, Marmeleira, Noudar e Barrancos. Dos Conselhos de Estado, e Guerra e do despacho de mercês, e expediente. Mestre-de-campo, General da Corte, e Província da Estremadura junto à pessoa de Sua Majestade, Capitão-general da Cavalaria da mesma Corte, e Província, Presidente do Desembargo do Paço etc.

CÉLEBRE fez em Fócio ao Monte Parnasso o ter sido das musas domicílio, mas se nisto teve a fortuna de ser talvez o primeiro, não faltou quem lhe tirasse a de ser único. Essa queixa pode formar da famosa Grécia, para cujas interiores províncias se passaram as musas com tanto empenho, como foi o que tiveram em fazer aquele portento da sua Arte, o insigne Homero, cujo poema eternizou no Mundo as memórias da sua pena, e do seu nome. Transformou-se Itália em uma nova Grécia, e assim, ou se passaram outra vez de Grécia, ou de novo renasceram as musas em Itália, fazendo-se tão conaturais a seus engenhos, como entre outros o foram no do famoso Virgílio, e elegante Ovídio, os quais, vulgarizada depois, ou corrupta a língua latina, na mesma Itália se reproduziram no grande Tasso, e delicioso Marino, poetas, que entre muitos floresceram com singulares créditos e não menores estimações. Ultimamente se transferiram para Espanha aonde foi, e é tão fecunda a cópia de poetas, que entre as demais nações do Mundo parece que aos espanhóis adotaram as musas por seus filhos, entre os quais mereceu o culto Góngora extravagante estimação, e o vastíssimo Lope aplauso universal: porém em Portugal, ilustre parte das Espanhas, se naturalizaram de sorte, que parecem identificadas com os seus patrícios; assim o testemunham os celebrados poemas daquele lusitano Apolo, o insigne Camões, de Jorge Monte-Mayor, de Gabriel Pereira de Castro, e outros que nobilitaram a língua portuguesa com a elegante consonância de seus metros.

Nesta América, inculta habitação antigamente[1] de bárbaros índios, mal se podia esperar que as Musas se fizessem brasileiras; contudo quiseram também passar-se a este empório, aonde como a doçura do açúcar é tão simpática com a suavidade do seu canto, acharam muitos engenhos, que imitando aos poetas de Itália, e Espanha, se aplicassem a tão discreto entretenimento, para que se não queixasse esta última parte do mundo que, assim como Apolo lhe comunica os raios para os dias, lhe negasse as luzes para os entendimentos. Ao meu, posto que inferior aos de que é fértil este país, ditaram as Musas as presentes rimas, que me resolvi expor à publicidade de todos, para ao menos ser o primeiro filho do

---

1   *antigamente*: na edição príncipe está *antiguamente* (nota da edição).

Brasil, que faça pública a suavidade do metro, já que o não sou em merecer outros maiores créditos na Poesia.

Porém encolhido em minha desconfiança, e temeroso de minha insuficiência, me pareceu logo preciso valer-me de algum herói, que me alentasse em tão justo temor, e me segurasse em tão racionável receio, para que nem a obra fosse alvo de calúnias, nem seu autor despojo de Zoilos,[2] cuja malícia costuma tiranizar a ambos, mais por impulso da inveja, que por arbítrio da razão: para segurança pois destes perigos solicito o amparo de Vossa Excelência, em quem venero relevantes prerrogativas para semelhante patrocínio; por que se é próprio de príncipes o amparar a quem os busca, Vossa Excelência o é não menos na generosidade de seu ânimo, que na regalia de seu sangue, com cuja tinta trasladou em Vossa Excelência a natureza o exemplar das heróicas prendas de seus ilustríssimos progenitores, de quem como águia legítima não degenerou a Sua Soberania: a Vossa Excelência venera o estado do Reino por Conselheiro o mais político, pois assim sabe nele propor as dificuldades, e investigar os meios. A Vossa Excelência faz o nosso sereníssimo Monarca árbitro dos negócios mais árduos, e arquivo dos segredos mais íntimos, repartindo, ou descansando em Vossa Excelência como em generoso Atlante o grande peso de toda a esfera lusitana; nela reconhecem a Vossa Excelência por luminar, ou astro mui benéfico, tantos quantos são os que participam das continuadas influências de sua grandeza, a qual como logra propriedades de Sol, a todos alcança com seus benignos influxos; assim o experimentam tantas viúvas, a quem Vossa Excelência socorre compassivo, tantas donzelas a quem dota liberal, tantas mulheres que têm o título de visitadas, a quem se não visita sua pessoa, remedeia todos os meses sua munificência, sendo esta em Vossa Excelência tão fecunda, como o mostram outras muitas esmolas, que por sua mão faz, além das que em trigo, e dinheiro, todo o ano reparte por seu esmoler, e pároco, que são dous contínuos aquedutos, pelos quais perenemente

---

2 O poeta se refere a Zoilos, personagem que ficou na histórica como sinônimo de crítico injusto e invejoso por ter sido detrator de Homero. Ele viveu na Grécia no século IV a. C.

corre a fonte de sua liberalidade; a esta dá Vossa Excelência muito maiores realces, quando tão pia, e profusamente, a exercita com o sagrado, ornando e enriquecendo os templos, especialmente o em que foi batizado, a quem consignou todos os anos copiosa côngrua para seu culto, favorecendo com toda a grandeza as comunidades, provendo com larga mão as Religiões do que necessitam, como o confessa a Seráfica Família do grande Patriarca São Francisco, e dando aos conventos pobres das religiosas vestiaria para todas, sendo a sua caridade como fogo, que nunca diz basta para dar, enquanto acha necessidades que socorrer; esta lhe conciliou a Vossa Excelência o renombre[3] de Pai da pobreza, título entre os muitos que logra o mais ilustre, pois tanto o assemelha ao mesmo Deus, que por ser o sumo Bem, sempre se está comunicando a todos.

Mas como nos astros não só há influxos, senão também luzes, os brilhantes reflexos das de Vossa Excelência bem se viram em todos os tribunais deste Reino, que foram os iluminados zodíacos, aonde giraram tanto tempo seus resplandores:[4] aqui luziu a sua justiça com raios sempre diretos, porque nunca houve cousa, que pudesse torcer, nem ainda inclinar a sua retidão: aqui brilhou o seu zelo com luzes tão vivas, que nada pode diminuir sua eficácia, nem resfriar o intenso de sua atividade, sendo em Vossa Excelência este zelo tão geral e pronto para todas as matérias tocantes ao bem do Reino, que por causa deste o levou no tempo presente dos tribunais aos exércitos, e da corte para a campanha, na qual se houvera mais, ou maiores ocasiões para a peleja, o admiráramos todos vivo retrato daquele famoso Marte lusitano, o Senhor Nuno Álvares Pereira, de quem Vossa Excelência herdou o valor com o nome, e com o sangue a generosidade e ficara conhecendo o mundo como na paz e na guerra era Vossa Excelência sempre César.

Bem certificado estava de seu marcial ânimo, e militar ciência o nosso Sereníssimo Monarca, pois em sábado 4 de outubro lhe

---

3 *renombre*: espanholismo.
4 *esplandor*: espanholismo.

encarregou o governo da primeira linha do exército, para que dirigisse a marcha dele ao sítio, que se pretendia, empresa tão difícil em si, como pelas circunstâncias para Vossa Excelência gloriosa, porque obedecendo com pronto rendimento à real vontade e encarregando-se com singular prudência desta ação, que Sua Majestade lhe fiara, fez marchar o exército tão admirável ordem, que todos os cabos nacionais e estrangeiros concorreram a dar-lhe os parabéns do acerto, com que Vossa Excelência desempenhou felizmente o bom sucesso, que nesta empresa se desejava: bem conheceram a Vossa Excelência por herói capaz e digno de outras maiores as Majestades ambas, pois na bataria, que se fez no Porto de Águeda em sete de outubro, vendo-o livre das balas do inimigo, especialmente de uma que lhe chamuscou a anca e cauda do cavalo, em que estava montado, não podendo dissimular o seu júbilo, davam também multiplicados parabéns a Vossa Excelência de escapar a tantos perigos, em que o meteu o seu valor, e de que o livrou a Providência Divina, favor bem merecido na piedade com que Vossa Excelência socorria na campanha aos soldados com tão repetidas esmolas, escudos fortíssimos que o defendem nos maiores apertos da terra, ao mesmo tempo, que lhe servem de poderosas armas, com que Vossa Excelência está conquistando o céu. Mais pudera dizer de outras muitas heróicas ações, relevantes prendas e singulares virtudes de Vossa Excelência, se este epilogado papel fora capaz de tanto empenho; porém, como nele não cabe a multiplicidade de tantos títulos, quantos as acreditam, seria temeridade querer recopilar um mar imenso em tão limitada concha, e copiar figura tão agigantada em um quadro tão pequeno, guarde Deus a pessoa de Vossa Excelência por dilatados e felicíssimos anos para glória de Portugal.

De Vossa Excelência,
Menor súdito,

MANUEL BOTELHO DE OLIVEIRA

PRIMEIRO CORO
DE RIMAS PORTUGUESAS
EM VERSOS AMOROSOS DE ANARDA

SONETOS

ANARDA INVOCADA

SONETO I

1   Invoco agora Anarda lastimado
    Do venturoso, esquivo sentimento:
    Que, quem motiva as ânsias do tormento,
    É bem que explique as queixas do cuidado.

2   Melhor Musa será no verso amado,[5]
    Dando para favor do sábio intento
    Por Hipocrene o lagrimoso alento,
    E por louro o cabelo venerado.

3   Se a gentil fermosura em seus primores
    Toda ornada de flores se avalia,
    Se tem como harmonia seus candores;

4   Bem se pode dar agora Anarda impia[6]
    A meu rude discurso cultas flores,
    A meu plectro[7] feliz doce harmonia.

(*Música do Parnasso*, I, p.11-2)

---

5   Note-se a relação entre "musa" e "amada", como momento de um processo que vai, desde o Classicismo até o Romantismo, deslocando-se da primeira fonte inspiradora para a segunda.

6   *impia*: sem acento no primeiro "i" por necessidade métrica, rimando com "harmonia".

7   *plectro*: inspiração poética.

PERSUADE A ANARDA QUE AME

SONETO I I

1   Anarda vê na estrela, que em piedoso
    Vital influxo move amor querido,
    Adverte no jasmim, que embranquecido
    Cândida fé publica de amoroso.

2   Considera no sol, que luminoso
    Ama o jardim de flores guarnecido;
    Na rosa adverte, que em coral florido
    De Vênus veste o nácar lastimoso.

3   Anarda pois, não queiras arrogante
    Com desdém singular de rigorosa
    As armas desprezar do deus triunfante:

4   Como de amor te livras poderosa,
    Se em teu gesto florido e rutilante
    És estrela, és jasmim, és sol, és rosa?

(*Música do Parnasso*, I, p.12)

PONDERAÇÃO DO ROSTO E OLHOS DE ANARDA

SONETO X

1   Quando vejo de Anarda o rosto amado,
     Vejo ao céu e ao jardim ser parecido;
     Porque no assombro do primor luzido
     Tem o sol em seus olhos duplicado.

2   Nas faces considero equivocado
     De açucenas e rosas o vestido;
     Porque se vê nas faces reduzido
     Todo o império de Flora venerado.

3   Nos olhos e nas faces mais galharda
     Ao céu prefere quando inflama os raios,
     E prefere ao jardim, se as flores guarda:

4   Enfim dando ao jardim e ao céu desmaios,
     O céu ostenta um sol, dous sóis Anarda,
     Um maio o jardim logra; ela dous maios.

(*Música do Parnasso*, I, p.18)

PONDERAÇÃO DO TEJO COM ANARDA

SONETO XII

1   Tejo formoso, teu rigor condeno,
    Quando despojas altamente impio[8]
    Das lindas plantas o frondoso brio,
    Dos férteis campos o tributo ameno.

2   Nas amorosas lágrimas, que ordeno,
    Porque cresças em claro senhorio,
    Corres ingrato ao lagrimoso rio,
    Vás fugitivo com desdém sereno.

3   Oh como representa o desdenhoso
    Da bela Anarda teu cristal ativo,
    Neste e naquele efeito lastimoso!

4   Em ti já vejo a Anarda, ó Tejo esquivo,
    Se teu cristal se ostenta rigoroso,
    Se teu cristal se mostra fugitivo.

    (*Música do Parnasso*, I, p.19-20)

---

8   *impio*: por licença poética, a tônica se desloca para rimar com "brio".

ANARDA ESCULPIDA NO CORAÇÃO LAGRIMOSO

SONETO XV

1   Quer esculpir artífice engenhoso
    Uma estátua de bronze fabricada,
    Da natureza forma equivocada,
    Da natureza imitador famoso.

2   No rigor do elemento luminoso,
    (Contra as idades sendo eternizada)
    Para esculpir a estátua imaginada,
    Logo derrete o bronze lagrimoso.

3   Assim também no doce ardor que avivo,
    Sendo artífice o Amor, que me desvela,
    Quando de Anarda faz retrato vivo;

4   Derrete o coração na imagem dela,
    Derramando do peito o pranto esquivo,
    Esculpindo de Anarda a estátua bela.

(*Música do Parnasso*, I, p.22)

ENCARECE A FINEZA DO SEU TORMENTO

SONETO XIX

1   Meu pensamento está favorecido,
    Quando cuida de Anarda o logro amado;
    Ele se vê nas glórias do cuidado,
    Eu me vejo nas penas do sentido.

2   Ele alcança o fermoso, eu o sofrido,
    Ele presente vive, eu retirado;
    Eu no potro de um mal atormentado,
    Ele no bem, que logra, presumido.

3   Do pensamento está muito ofendida
    Minha alma, do tormento desejosa,
    Porque em glória se vê, bem que fingida:

4   Tão fina pois, que está por amorosa,
    De um leve pensamento arrependida,
    De um vão contentamento escrupulosa.

(*Música do Parnasso*, I, p.25)

VERSOS VÁRIOS QUE PERTENCEM AO PRIMEIRO CORO DAS RIMAS PORTUGUESAS

À VIDA SOLITÁRIA

SONETO IX

1   Que doce vida,[9] que gentil ventura,
     Que bem suave, que descanso eterno,
     Da paz armado, livre do governo,
     Se logra alegre, firme se assegura!

2   Mal não molesta, foge a desventura,
     Na primavera alegre, ou duro inverno,
     Muito perto do céu, longe do inferno,
     O tempo passa, o passatempo atura.

3   A riqueza não quer, de honra não trata,
     Quieta a vida, firme o pensamento,
     Sem temer da fortuna a fúria ingrata:

4   Porém atento ao rio, ao bosque atento,
     Tem por riqueza igual do rio a prata,
     Por aura honrosa tem do bosque o vento.

(*Música do Parnasso*, I, p.71-2)

---

9   *Que doce vida*: o *topos* da vida descansada e feliz junto à natureza, longe das ambições do mundo, tem suas raízes na poesia bucólica clássica, apresentando um amplo desenvolvimento no ambiente de religiosidade e moralismo do período barroco. Vejam-se estes versos iniciais do poema "Vida retirada", do espanhol Fray Luis de León (1527-1608): "¡Qué descansada vida/ la del que huye del mundanal ruïdo,/ y sigue la escondida/ senda, por donde han ido/ los pocos sabios que en el mundo han sido! (*Poesías*, 1989).

A UM ILUSTRE EDIFÍCIO DE COLUNAS E ARCOS

SONETO XVII

1   Essa de ilustre máquina beleza,
    Que o tempo goza, e contra o tempo atura;
    É soberbo primor da arquitetura,
    É pródigo milagre da grandeza.

2   Fadiga da arte foi, que a Natureza
    Inveja de seus brios mal segura;
    E cada pedra, que nos arcos dura,
    É língua muda da fatal empresa.

3   Não teme da fortuna os vários cortes,
    Nem do tempo os discursos por errantes,
    Arma-se firme contra as leis das sortes.

4   Que nas colunas e arcos elegantes,
    Contra a fortuna tem colunas fortes,
    Contra o tempo fabrica arcos triunfantes.

(*Música do Parnasso*, I, p.77-8)

DESCRIÇÃO DA PRIMAVERA

CANÇÃO IV

1   Campa no campo agora
A mãe das flores belas,
Brilham de Febo os raios nas estrelas,
Que em lindos resplandores
Alternam, como irmãos, ledos candores.
Ledo o candor se adora:
Que se a luz não se ignora,
Porque o candor, e o ledo se conceda,
Do Cisne filhos são, filhos de Leda.

2   Pintor Maio luzido
Em diversos primores
Tantas tintas mistura, quantas cores;
Sendo do lindo Maio
Pincel valente o matutino raio;
E em quadros repartida
A pintura florida,
Maio pintor alegre, em cópias tantas
De flores quadros faz, sombra das plantas.

3   O campo reverdece,
Os cravos purpureiam,
As açucenas de candor se asseiam,
As violetas formosas[10]
Vestem diversas cores por lustrosas;
A Vênus reconhece,
Quando a rosa amanhece
Com tanta ostentação, que é nos verdores
Mais que de Vênus flor, Vênus das flores.

---

10 *fermosas*, na edição utilizada.

4   O tronco florescente
    Forma com duros laços
    Vegetativos de seus ramos braços,
    E seus verdes cabelos
    Lascivamente se penteiam belos:
    Que o vento reverente
    O serve cortesmente,
    E para ser galã na mocidade
    Buço nas flores tem, verdor na idade.

5   Celebra alegremente
    O volátil concento[11]
    Da primavera o verde nascimento,
    (Sendo os rios sonoros
    Instrumentos gentis a vários coros)
    Cantando brandamente,
    Saltando airosamente,
    Nas doces vozes, desiguais mudanças,
    Cantos se entoam, e se alternam danças.

6   O sol Rei luminoso
    Entre o estrelado Império
    Entroniza esplendores no Hemisfério,
    Vendo com luz amada
    A província do giro dilatada;
    Despendendo piedoso
    Favores de lustroso,
    Ficando por rebelde, e por querida
    A sombra desterrada, a luz valida.

7   Oh como alegre Flora
    De flores adornada
    Jaz no leito das ervas recostada!

---

11 *concento*: consonância, harmonia.

Oh que beijo[12] amoroso
Favônio lhe repete deleitoso.
Se o prado ri, se chora
Vitais perlas Aurora,
(Dando de vário estado, mudo aviso)
Da Aurora o pranto vê, do prado o riso.

Canção, na bela Nise
Quando em seus maios seu verdor se esmera,
Podes ver retratada a primavera.

(*Música do Parnasso*, I, p.117-9)

---

12 *beijo*: no original está bejo (nota da edição).

À ILHA DE MARÉ

TERMO DESTA CIDADE DA BAHIA

SILVA

1   Jaz em oblíqua forma e prolongada
    A terra de Maré, toda cercada
    De Netuno, que tendo o amor constante,
    Lhe dá muitos abraços por amante,
    E botando-lhe os braços dentro dela
    A pretende gozar, por ser mui bela.

2   Nesta assistência tanto a senhoreia,
    E tanto a galanteia,
    Que, do mar, de Maré tem o apelido,
    Como quem preza o amor de seu querido:

3   E por gosto das prendas amorosas
    Fica maré de rosas,
    E vivendo nas ânsias sucessivas,
    São do amor marés vivas;
    E se nas mortas menos a conhece,
    Maré de saudades lhe parece.

4   Vista por fora é pouco apetecida,
    Porque aos olhos por feia é parecida;
    Porém dentro habitada
    É muito bela, muito desejada,
    É como a concha tosca e deslustrosa,
    Que dentro cria a pérola formosa.

5   Erguem-se nela outeiros
    Com soberbas de montes altaneiros,
    Que os vales por humildes desprezando,
    As presunções do Mundo estão mostrando,

E querendo ser príncipes subidos,
Ficam os vales a seus pés rendidos.

6   Por um e outro lado
Vários lenhos se vem[13] no mar salgado;
Uns vão buscando da Cidade a via,
Outros dela se vão com alegria;
E na desigual ordem
Consiste a formosura na desordem.

7   Os pobres pescadores em saveiros,
Em canoas ligeiros,
Fazem com tanto abalo
Do trabalho marítimo regalo;
Uns as redes estendem,
E vários peixes por pequenos prendem;
Que até nos peixes com verdade pura
Ser pequeno no Mundo é desventura:
Outros no anzol fiados
Têm aos míseros peixes enganados,
Que sempre da vil isca cobiçosos
Perdem a própria vida por gulosos.

8   Aqui se cria o peixe regalado
Com tal sustância, e gosto preparado,
Que sem tempero algum para apetite
Faz gostoso convite,
E se pode dizer em graça rara
Que a mesma natureza os temperara.

9   Não falta aqui marisco saboroso,
Para tirar fastio ao melindroso;
Os polvos radiantes,
Os lagostins flamantes,

---

13 *vem*: entenda-se veem (nota da edição).

Camarões excelentes,
Que são dos lagostins pobres parentes;
Retrógrados caranguejos,
Que formam pés das bocas com festejos,
Ostras, que alimentadas
Estão nas pedras, onde são geradas;
Enfim tanto marisco, em que não falo,
Que é vário perrexil[14] para o regalo.

10 As plantas sempre nela reverdecem,
E nas folhas parecem,
Desterrado do Inverno os desfavores,
Esmeraldas de Abril[15] em seus verdores,
E delas por adorno apetecido
Faz a divina Flora seu vestido.

11 As frutas[16] se produzem copiosas,
E são tão deleitosas,
Que como junto ao mar o sítio é posto,
Lhes dá salgado o mar o sal do gosto.
As canas fertilmente se produzem,
E a tão breve discurso se reduzem,
Que, porque crescem muito,
Em doze meses lhe sazona o fruito.[17]
E não quer, quando o fruto[18] se deseja,
Que sendo velha a cana, fértil seja.

12 As laranjas da terra
Poucas azedas são, antes se encerra

---

14 *perrexil*: que estimula o apetite.
15 *Abril*: corresponde à primavera europeia, que vai de 21 de março a 21 de junho.
16 *frutas*: fruitas, na edição utilizada.
17 *fruito*: conservou-se a forma constante da edição utilizada porque rima com "muito".
18 *fruto*, na edição consultada.

Tal doce nestes pomos,
Que o tem clarificado nos seus gomos:
Mas as de Portugal entre alamedas
São primas dos limões, todas azedas.

13   Nas que chamam da China
Grande sabor se afina,
Mais que as da Europa doces, e melhores,
E têm sempre a vantagem[19] de maiores,
E nesta maioria,
Como maiores são, têm mais valia.

14   Os limões não se prezam,
Antes por serem muitos se desprezam.
Ah se Holanda os gozara!
Por nenhuma província se trocara.

15   As cidras amarelas
Caindo estão de belas,
E como são inchadas, presumidas,
É bem que estejam pelo chão caídas.

16   As uvas moscatéis são tão gostosas,
Tão raras, tão mimosas;
Que se Lisboa as vira, imaginara
Que alguém dos seus pomares as furtara;
Delas a produção por copiosa
Parece milagrosa,
Porque dando em um ano duas vezes,
Geram dous partos, sempre, em doze meses.

17   Os melões celebrados
Aqui tão docemente são gerados,
Que cada qual tanto sabor alenta,

---

19 *a ventagem*, na edição consultada.

Que são feitos de açúcar, e pimenta,
E como sabem bem com mil agrados,
Bem se pode dizer que são letrados;
Não falo em Valariça, nem Chamusca:
Porque todos ofusca
O gosto destes, que esta terra abona
Como próprias delícias de Pomona.

18   As melancias com igual bondade
São de tal qualidade,
Que quando docemente nos recreia,
É cada melancia uma colmeia,
E às que tem Portugal lhe dão de rosto
Por insulsas abóboras no gosto.

19   Aqui não faltam figos,
E os solicitam pássaros amigos,
Apetitosos de sua doce usura,
Porque cria apetites a doçura;
E quando acaso os matam
Porque os figos maltratam,
Parecem mariposas, que embebidas
Na chama alegre, vão perdendo as vidas.

20   As romãs rubicundas quando abertas
À vista agrados são, à língua ofertas,
São tesouros das frutas[20] entre afagos,
Pois são rubis suaves os seus bagos.
As frutas quase todas nomeadas
São ao Brasil de Europa trasladadas,
Porque tenha o Brasil por mais façanhas
Além das próprias frutas,[21] as estranhas.

---

20 *fruitas*, na edição consultada.
21 Idem.

21 E tratando das próprias, os coqueiros,
    Galhardos e frondosos
    Criam cocos gostosos;
    E andou tão liberal a natureza
    Que lhes deu por grandeza,
    Não só para bebida, mas sustento,

22 O néctar doce, o cândido alimento.
    De várias cores são os cajus belos,
    Uns são vermelhos, outros amarelos,
    E como vários são nas várias cores,
    Também se mostram vários nos sabores;
    E criam a castanha,
    Que é melhor que a de França, Itália, Espanha.

23 As pitangas fecundas
    São na cor rubicundas
    E no gosto picante comparadas
    São de América ginjas disfarçadas.

24 As pitombas douradas, se as desejas,
    São no gosto melhor do que as cerejas,
    E para terem o primor inteiro,
    A vantagem lhes levam pelo cheiro.

25 Os araçases grandes, ou pequenos,
    Que na terra se criam mais ou menos
    Como as peras de Europa engrandecidas,
    Com elas variamente parecidas,
    Também se fazem delas
    De várias castas marmeladas belas.

26 As bananas no Mundo conhecidas
    Por fruto e mantimento apetecidas,

27 Que o céu para regalo e passatempo
    Liberal as concede em todo o tempo,

Competem com as maçãs, ou baonesas,
Com peros verdeais ou camoesas,
Também servem de pão aos moradores,
Se da farinha faltam os favores;
É conduto também que dá sustento,
Como se fosse próprio mantimento;
De sorte que por graça, ou por tributo,
É fruto, é como pão, serve em conduto.

28   A pimenta elegante
É tanta, tão diversa, e tão picante,
Para todo o tempero acomodada,
Que é muito avantajada[22]
Por fresca e por sadia
À que na Ásia se gera, Europa cria.

29   O mamão por freqüente
Se cria vulgarmente,
E não o preza o Mundo,
Porque é muito vulgar em ser fecundo.

30   O maracujá também gostoso e frio
Entre as frutas merece nome e brio;
Tem nas pevides mais gostoso agrado,
Do que açúcar rosado;
É belo, cordial, e como é mole,
Qual suave manjar todo se engole.

31   Vereis os ananases,
Que para rei das frutas[23] são capazes;
Vestem-se de escarlata
Com majestade grata,
Que para ter do Império a gravidade

---

22 *aventajada*, na edição consultada.
23 *fruitas*, na edição consultada.

Logram da croa[24] verde a majestade;
Mas quando têm a croa levantada
De picantes espinhos adornada,
Nos mostram que entre Reis, entre Rainhas
Não[25] há croa no Mundo sem espinhas.
Este pomo celebra toda a gente,
É muito mais que o pêssego excelente,
Pois lhe leva vantagem[26] gracioso
Por maior, por mais doce, e mais cheiroso.

32   Além das frutas,[27] que esta terra cria,
Também não faltam outras na Bahia;
A mangava mimosa
Salpicada de tintas por formosa,[28]
Tem o cheiro famoso,
Como se fora almíscar oloroso;
Produz-se[29] no mato
Sem querer da cultura o duro trato,
Que como em si toda a bondade apura,
Não quer dever aos homens a cultura.
Oh que galharda fruta,[30] e soberana
Sem ter indústria humana,
E se Jove as tirara dos pomares,
Por ambrosia as pusera entre os manjares!

33   Com a mangava bela a semelhança
Do macujé se alcança;
Que também se produz no mato inculto
Por soberano indulto:

---

24 *coroa*.
25 *No*, na edição utilizada.
26 *aventagem*, na edição consultada.
27 *fruitas*, na edição consultada.
28 *fermosa*, na edição consultada.
29 *Produze-se*, na edição consultada.
30 *fruita*, na edição consultada.

E sem fazer ao mel injusto agravo,
Na boca se desfaz qual doce favo.

34 Outras frutas[31] dissera, porém basta
Das que tenho descrito a vária casta;
E vamos aos legumes, que plantados
São do Brasil sustentos duplicados:

35 Os mangarás que brancos, ou vermelhos,
São da abundância espelhos;
Os cândidos inhames, se não minto,
Podem tirar a fome ao mais faminto.

36 As batatas, que assadas, ou cozidas
São muito apetecidas;
Delas se faz a rica batatada
Das Bélgicas nações solicitada.

37 Os carás, que de roxo estão vestidos,
São lóios dos legumes parecidos,
Dentro são alvos, cuja cor honesta
Se quis cobrir de roxo por modesta.

38 A mandioca, que Tomé sagrado
Deu ao gentio amado,
Tem nas raízes a farinha oculta:
Que sempre o que é feliz, se dificulta.

39 E parece que a terra de amorosa
Se abraça com seu fruto deleitosa;
Dela se faz com tanta atividade
A farinha, que em fácil brevidade

---

31 *fruitas*, na edição consultada.

No mesmo dia sem trabalho muito
Se arranca, se desfaz, se coze o fruito;[32]

40 Dela se faz também com mais cuidado
O beiju regalado,
Que feito tenro por curioso amigo
Grande vantagem leva ao pão de trigo.

41 Os aipins se aparentam
Co'a mandioca, e tal favor alentam,
Que tem qualquer, cozido, ou seja assado,
Das castanhas da Europa o mesmo agrado.

42 O milho, que se planta, sem fadigas,
Todo o ano nos dá fáceis espigas,
E é tão fecundo em um e em outro filho,
Que são mãos liberais as mãos de milho.

43 O arroz semeado
Fertilmente se vê multiplicado;
Cale-se de Valença, por estranha
O que tributa a Espanha,
Cale-se do Oriente
O que come o gentio, e a lísia gente;
Que o do Brasil quando se vê cozido
Como tem mais substância, é mais crescido.

44 Tenho explicado as frutas e legumes,
Que dão a Portugal muitos ciúmes;
Tenho recopilado
O que o Brasil contém para invejado,
E para preferir a toda a terra,
Em si perfeitos quatro AA encerra.
Tem o primeiro A, nos arvoredos

---

32 *fruito*: rimando com muito.

Sempre verdes aos olhos, sempre ledos;
Tem o segundo A, nos ares puros
Na tempérie agradáveis e seguros;
Tem o terceiro A, nas águas frias,
Que refrescam o peito, e são sadias;
O quarto A, no açúcar deleitoso,
Que é do Mundo o regalo mais mimoso.

45 São pois os quatro AA por singulares
Arvoredos, Açúcar, Águas, Ares.
Nesta Ilha está mui ledo, e mui vistoso
Um Engenho famoso,
Que quando quis o fado antigamente[33]
Era Rei dos engenhos preminente,[34]
E quando Holanda pérfida e nociva
O queimou, renasceu qual Fênix viva.

46 Aqui se fabricaram três capelas
Ditosamente belas,
Uma se esmera em fortaleza tanta,
Que de abóbada forte se levanta;
Da Senhora das Neves se apelida,
Renovando a piedade esclarecida,
Quando em devoto sonho se viu posto
O nevado candor no mês de agosto.

47 Outra capela vemos fabricada.
A Xavier ilustre dedicada,
Que o Maldonado Pároco entendido
Este edifício fez agradecido
A Xavier, que foi em sacro alento
Glória da Igreja, do Japão portento.

---

33 *antigamente*: na edição príncipe está antiguamente (nota da edição).
34 *preminente*: preeminente.

48 Outra capela aqui se reconhece,
    Cujo nome a engrandece,
    Pois se dedica à Conceição sagrada
    Da Virgem pura sempre imaculada,
    Que foi por singular e mais formosa[35]
    Sem manchas lua, sem espinhos rosa.

49 Esta Ilha de Maré, ou de alegria,
    Que é termo da Bahia,
    Tem quase tudo quanto o Brasil todo,
    Que de todo o Brasil é breve apodo;
    E se algum tempo Citeréia a achara,
    Por esta sua Chipre desprezara,
    Porém tem com Maria verdadeira
    Outra Vênus melhor por padroeira.

(*Música do Parnasso,* I, p.125-36)

---

35 *fermosa,* na edição consultada.

Frei Manuel de Santa Maria Itaparica
(1704-?)

EUSTÁQUIDOS[1]
(1769)

PRÓLOGO

Amigo leitor, que tal te considero, pois abres livro de versos para ler, no que mostras que és inclinado a eles; porque só quem sabe da arte, a estima. Saberás que lendo eu nos meus primeiros anos a vida de Santo Eustáchio, e considerando os períodos admiráveis dela, tive um grande desejo de a escrever em livro particular, e em metro, cuja cadência e consonância causa

---

[1] "Eustachidos. Poema sacro e tragicômico, em que se contém a vida de Sto. Eustáchio mártir, chamado antes Plácido, e de sua mulher e filhos. Por um anônimo, natural da ilha de Itaparica, termo da Cidade da Bahia. Dado à luz por um devoto do Santo." Varnhagen, no *Florilégio da poesia brasileira*, o cita como de um Anônimo Itaparicano. O texto "Descrição da Ilha de Itaparica", transcrito a seguir, constitui um poema independente de "Eustáquidos", embora o acompanhe na mesma edição.

mais deleitação aos leitores. Muitas vezes no decurso de minha vida quis lançar fora este pensamento, atendendo a minha insuficiência[2] e outras ocupações, mas nunca o pude deixar em muitos anos, até que Deus foi servido, que desse cumprimento ao meu desejo. Bem sei, que repararás não declarar o meu nome, ao que respondo, que não busco glória para mim, mas só a acidental para o Santo, e mover aos que lerem à devoção, imitação, paciência, fortaleza e conformidade nos contratempos e infortúnios desta miserável vida. Porém,[3] como sabes da minha pátria,[4] sendo esta uma pequena ilha, com pouca, ou nenhuma literatura, com muita facilidade, se quiseres, podes vir em conhecimento do Autor. *Vale.*

---

2   *minha insuficiência*: variante do topos de modéstia.
3   Não há vírgula na edição consultada: Varnhagen, 1987, I, p.198.
4   *minha pátria*: note-se que o adjetivo "pátrio" indica, nos autores da época, não os conceitos abstratos de "pátria" ou "nação", mas "terra de nascimento". Peter Burke, estudando o surgimento da ideia de pertencer a uma coletividade de língua e território, refere-se ao humanista Coluccio Salutati, que, no início do século XIV, se definia "um italiano por raça, um florentino por pátria (*"gente Italicus, patria Florentinus"*). Ver Peter Burke, 1995, p.96.

DESCRIÇÃO DA ILHA DE ITAPARICA
Termo da Cidade da Bahia

Canto Heroico

1   Cantar procuro, descrever intento
    Em um heróico verso, e sonoroso
    Aquela, que me deu o nascimento,
    Pátria feliz, que tive por ditoso:
    Ao menos com este humilde rendimento
    Quero mostrar lhe sou afetuoso,
    Porque é de ânimo vil e fementido
    O que à Pátria não é agradecido.[5]

2   Se nasceste no Ponto ou Líbia ardente,
    Se no Píndaro[6] viste a aura primeira,
    Se nos Alpes ou Etna comburente,
    Princípio houvesse na vital carreira,
    Nunca queiras, leitor, ser delinqüente,
    Que assim mostras herdaste venturoso
    Que assim mostras herdastes venturoso
    Ânimo heróico, peito generoso.

3   Musa, que no florido de meus anos
    Teu furor tantas vezes me inspiraste,
    E na idade, em que vêm os desenganos,
    Também sempre fiel me acompanhaste!
    Tu, que influxos repartes soberanos

---

[5] *agradecido*: em poemas como este confluem tanto o *topos* do "amor à pátria" como valor cultural e ético herdado dos clássicos quanto as primeiras tentativas de representá-lo como experiência concreta dos poetas coloniais. A crítica tem distinguido pelo menos dois graus no *continuum* dessa representação: o nativismo e o nacionalismo, conforme o grau de complexidade de sua expressão.

[6] *Pindaso*, na edição consultada.

Desse monte Hélicon, que já pisaste,
Agora me concede o que te peço,
Para seguir seguro o que começo.

4   Em o Brasil, província desejada
Pelo metal luzente, que em si cria,
Que antigamente descoberta e achada
Foi de Cabral, que os mares discorria,[7]
Porto donde está hoje situada
A opulenta e ilustrada Bahia
Jaz a ilha chamada Itaparica,
A qual no nome tem também ser rica.

5   Está posta bem defronte da cidade;
Só três léguas defronte, e os moradores
Daquela a esta vem com brevidade,
Se não faltam do Zéfiro os favores;
E ainda quando com ferocidade
Éolo está mostrando os seus rigores,
Para a corte navegam, sem que cessem;
E parece, que os ventos lhe obedecem.

6   Por uma e outra parte rodeada
De Netuno[8] se vê tão arrogante,
Que algumas vezes com procela irada
Enfia[9] o melancólico semblante;
E como a tem por sua, e tão amada,
Por lhe pagar fiel foros de amante,
Muitas vezes também serenamente
Tem encostado nela o seu tridente.

7   Se a deusa Citeréia conhecera
Desta ilha celebrada a formosura,

---

7 *descorria*, na edição consultada.
8 *Neptuno*, na edição consultada.
9 *Infia*, na edição consultada.

Eu fico, que a Netuno prometera
O que a outros negou cruel e dura:
Então de boamente lhe oferecera
Entre incêndios de fogo a neve pura,
E se de alguma sorte a alcançara
Por esta a sua Chipre desprezara.

8   Pela costa do mar a branca areia[10]
É para a vista objeto delicioso,
Onde passeia a ninfa Galatéia
Com acompanhamento numeroso;
E quando mais galante se recrea
Com aspecto gentil, donaire airoso,
Começa a semear das roupas belas
Conchinhas brancas, ruivas e amarelas.

9   Aqui se cria o peixe copioso,
E os vastos pescadores em saveiros
Não receando o elemento undoso,
Neste exercício estão dias inteiros;
E quando Aquilo e Bóreas procelloso
Com fúria os acomete, eles ligeiros
Colhendo as velas brancas ou vermelhas
Se acomodam c'os remos em parelhas.

10   Neste porém marítimo regalo
Uns as redes estendem diligentes,
Outros com força, indústria e intervalo
Estão batendo as ondas transparentes:
Outros n'outro baixel sem muito abalo
Levantam cobiçosos e contentes
Uma rede, que chamam zangarea
Para os saltantes peixes forte teia.[11]

---

10 areia / galatéia / recrea: *arêa / galatêa / recrêa*, na edição consultada, rimando entre si.

11 teia: *têa*, na edição consultada, rimando com *zangarea*.

11   Qual a aranha sagaz e ardilosa
Nos ares forma com sutil[12] fio
Um labirinto tal, que a cautelosa
Mosca nele ficou sem alvedrio
E assim com esta manha industriosa
Da mísera vem ter o senhorio,
Tais são com esta rede os pescadores
Para prender os mudos nadadores.

12   Outros também por modo diferente,
Tendo as redes lançadas em um seio,
Nas coroas estão postos firmemente,
Sem que tenham do pélago receio:
Cada qual puxa as cordas diligente,
E os peixes vão fugindo para o meio,
Té que aos impulsos do robusto braço
Vem a colher os míseros no laço.

13   Nos baixos do mar outros tarrafando,
Alerta a vista, e os passos vagarosos,
Vão uns pequenos peixes apanhando,
Que para o gosto são deliciosos:
Em canoas também de quando em quando
Fisgam no anzol alguns, que por gulosos
Ficam perdendo aqui as próprias vidas,
Sem o exemplo quererem ter de Midas.

14   Aqui se acha o marisco saboroso,
Em grande cópia, e de casta vária,
Que para saciar ao apetitoso,
Não se duvida é coisa necessária:
Também se cria o lagostim gostoso,
Junto co'a ostra, que por ordinária
Não é muito estimada, porém antes
Em tudo cede aos polvos radiantes.

---

12 *subtil,* na edição consultada

15   Os camarões não fiquem esquecidos,
Que tendo crus a cor pouco vistosa,
Logo vestem, depois que são cozidos,
A cor do nácar, ou da tiria rosa:
Os c'ranguejos[13] nos mangues escondidos
Se mariscam sem arte industriosa,
Búzios também se vêem de musgo sujos[14]
Sernambis, mexilhões e caramujos.

16   Também pertence aqui dizer ousado
Daquele peixe, que entre a fauce escura
O Profeta tragou Jonas sagrado,
Fazendo-lhe no ventre a sepultura;
Porém sendo do Altíssimo mandado,
O tornou a lançar são sem lesura[15]
(Conforme nos afirma a antigüidade)
Em as praias de Ninive cidade.

17   Monstro do mar, gigante do profundo,
Uma torre nas ondas soçobrada,
Que parece em todo o âmbito rotundo:
Jamais besta tão grande foi criada:
Os mares despedaça furibundo
Co'a barbatana às vezes levantada;
Cujos membros teterrinos e broncos
Fazem a Thetis dar gemidos roncos.

18   Baleia vulgarmente lhe chamamos,
Que como só a esta ilha se sujeita,
Por isso de direito a não deixamos,
Por ser em tudo a descrição perfeita;
E para que bem claro percebamos
O como a pescaria dela é feita,

---

13 *c'ranguejos*: caranguejos.
14 *çujos*, na edição consultada.
15 *lesura*: lesão, ferimento.

Quero dar com estudo não ocioso
Esta breve notícia ao curioso.

19   Tanto que chega o tempo decretado,
Que este peixe do vento Austro é movido,
Estando à vista de terra já chegado,
Cujos sinais Netuno dá ferido,
Em um porto desta ilha assinalado,
E de todo o precioso prevenido,
Estão umas lanchas leves e veleiras,
Que se fazem c'os remos mais ligeiras.

20   Os nautas são etíopes robustos,
E outros mais do sangue misturado,
Alguns mestiços em a cor adustos,
Cada qual pelo esforço assinalado:
Outro ali vai também, que sem ter sustos
Leva o harpão[16] da corda pendurado,
Também um, que no ofício a Glauco ofusca,
E para isto Brasilo se busca.

21   Assim partem intrépidos sulcando
Os palácios da linda Panopêa,[17]
Com cuidado solícito vigiando
Onde ressurge a sólida balêa.
Oh gente, que furor tão execrando
A um perigo tal te sentencêa?
Como pequeno bicho és atrevido
Contra o monstro do mar mais desmedido?!

22   Como não temes ser despedaçado
De um animal tão feio e tão imundo?
Porque queres ir ser precipitado

---

16 *harpão*: arpão, fisga.
17 *Panopêa*, na edição consultada, rimando com *balêa* (baleia) e *sentencêa* (sentencia).

Nas íntimas entranhas do profundo?
Não temes, se é que vives em pecado,
Que o Criador do céu e deste mundo,
Que tem dos mares todo o governo,
Desse lago te mande ao lago Averno?

23   Lá intentaram fortes os Gigantes
Subir soberbos ao Olimpo puro,
Acometeram outros de ignorantes
O reino de Plutão horrendo e escuro;
E se estes atrevidos e arrogantes
O castigo não tiveram grave e duro,
Como não temes tu ser castigado
Pelos monstros também do mar salgado?

24   Mas em quanto com isto me detenho,
O temerário risco admoestando,
Eles de cima do ligeiro lenho[18]
Vão a baleia horrível avistando:
Pegam nos remos com forçoso empenho,
E todos juntos com furor remando
A seguem por detrás[19] com tal cautela
Que imperceptíveis chegam junto dela.

25   O arpão farpado tem nas mãos suspenso
Um, que na proa o vai arremessando,[20]
Todos os mais deixando o remo extenso
Se vão na lancha súbito deitando:
E depois que ferido o peixe imenso
O veloz curso vai continuando,
Surge cada um com fúria e força tanta,
Que como um Anteo forte se levanta.

---

18 *lenho*: embarcação, navio.
19 *detraz*, na edição consultada.
20 *arremeçando*, na edição consultada.

26   Corre o monstro com tal ferocidade
Que vai partindo o úmido elemento,[21]
E lá do pego na concavidade
Parece mostra Thetis sentimento:
Leva a lancha com tal velocidade,
E com tão apressado movimento,
Que cá de longe apenas aparece,
Sem que em alguma arte se escondesse.

27   Qual o ligeiro pássaro amarrado
Com um fio sutil, em cuja ponta
Vai um papel pequeno pendurado,
Voa veloz sentindo aquela afronta,
E apenas o papel, que vai atado
Se vê pela presteza, com que monta,
Tal o peixe afrontado vai correndo
Em seus membros atada a lancha tendo.

28   Depois que com o curso dilatado
Algum tanto já vai desfalecendo,
Eles então com força e com cuidado
A corda pouco a pouco vão colhendo;
E tanto que se sente mais chegado
Ainda com fúria os mares combatendo,
Nos membros moles lhe abre uma rotura[22]
Um novo Aquiles c'uma lança dura.

29   Do golpe sai de sangue uma espadana,
Que vai tingindo o Oceano ambiente,
Com o qual se quebranta a fúria insana
Daquele horrível peixe ou besta ingente;
E sem que pela plaga Americana
Passado tenha de Israel a gente,

---

21 *o úmido elemento*: o mar
22 *rotura*: abertura, fenda.

A experiência e vista certifica,
Que é o Mar Vermelho o mar de Itaparica.

30   Aos repetidos rasgos desta lança
A vital aura vai desenganando,
Té que fenece o monstro sem tardança,
Que antes andava os mares açoutando:[23]
Eles puxando a corda com pujança
O vão da lancha mais perto arrastando,
Que se lhe fiou Cloto o longo fio,
Agora o colhe Láquesis com brio.

31   Eis agora também no mar saltando
O que de Glauco tem a habilidade,
Com um agudo ferro vai furando
Dos queixos a voraz monstruosidade:
Com um cordel depois o grosso e não brando
Da boca cerra-lhe a concavidade,
Que se o mar sorve no gasnate[24] fundo
Busca logo as entranhas do profundo.[25]

32   Tanto que a presa tem bem subjugada
Um sinal branco lançam vitoriosos,
E outra lancha para isso decretada.
Vem socorrer cabos mais forçosos:
Uma e outra, se parte emparelhada,
Indo à vela, ou c'os remos furiosos,
E pelo mar serenas navegando
Para terra se vão endireitando.

33   Cada um se mostra no remar constante,
Se lhe não tem o Zéfiro assoprado,
E com fadigas e suor bastante

---

23 *açoutando*: variante de açoitando.
24 *gasnate*: gasnete, garganta.
25 *profundo*: profundezas, o inferno.

Vem a tomar o porto desejado,
Deste em espaço não muito distante,
Em o terreno mais acomodado
Uma trufatil máquina está posta
Só para esta função aqui deposta.

34 O pé surge da terra para fora
Uma versátil roda sustentando,
Em cujo âmbito logo se encoscora
Uma amarra, que a vai arrodeando:[26]
A esta mesma roda cá de fora
Homens dez vezes cinco estão virando,
E quanto mais a corda se repuxa,[27]
Tanto mais para a terra o peixe puxa.

35 Assim como esta indústria vão fazendo,
Que se segue ao lugar determinado,
E as enchentes Netuno recolhendo,
Vão subindo por um e outro lado:
Outros em borbotão já vêm trazendo
Facas luzidas e o braçal machado,
E cada qual ligeiro se emparelha
Para o que seu ofício lhe aconselha.

36 Assim dispostos uns, que África cria,
Dos membros nus, o couro denegrido,
Os quais queimou Faeton, quando descia
Do terrífico raio submergido,
Com algazarra muita e gritaria,
Fazendo os instrumentos grão ruído,
Uns aos outros em ordem vão seguindo,
E os adiposos lombos dividindo.

---

26 *arrodeando*: rodeando.
27 *repucha*, na edição consultada.

37   O povo, que se ajunta é infinito,
E ali têm muitos sua dignidade,
Os outros vêm do comarcão distrito.
E despovoam parte da cidade:
Retumba o ar com o contínuo grito,
Soa das penhas a concavidade,
E entre eles todos tal furor se acende,
Que às vezes um ao outro não se entende.

38   Qual em Babel o povo, que atrevido
Tentou subir ao Olimpo transparente,
Cujo idioma próprio pervertido
Foi n'uma confusão balbuciente;[28]
Tal nesta torre ou monstro desmedido,
Levanta as vozes a confusa gente,
Que seguindo cada um diverso dogma
Falar parece então n'outro idioma.

39   Desta maneira o peixe se reparte
Por toda aquela cobiçosa gente,
Cabendo a cada qual aquela parte,
Que lhe foi consignada no regente:
As banhas todas se depõem à parte,[29]
Que juntas formam um acervo ingente,
Das quais se faz azeite em grande cópia,
Do que esta terra padece inópia.

40   Em vasos de metal largos e fundos
O estão com fortes chamas derretendo
De uns pedaços, pequenos e fecundos,
Que o fluido licor vão escorrendo:
São uns feios etíopes e imundos,
Os que estão este ofício vil fazendo,

---

28 *balbuciente*: balbiciante, rimando com transparente e gente.
29 *áparte*, na edição consultada.

Cujos membros de azeite andam untados,
Daquelas cirandagens salpicados.

41   Este peixe, este monstro agigantado,
Por ser tão grande tem valia tanta,
Que o valor, a que chega costumado
Até quase mil áureos se levanta.
Quem de ouvir tanto não sai admirado?
Quem de um peixe tão grande não se espanta?
Mas em quanto o leitor fica pasmando,
Eu vou diversas coisas relatando.

42   Em um extremo desta mesma terra
Está um forte soberbo, fabricado,
Cuja bombarda ou máquina de guerra
Abala a ilha de um e outro lado:
Tão grande fortaleza em si encerra
De artilharia e esforço tão sobrado,
Que retumbando o bronze furibundo
Faz ameaço à terra, ao mar, ao mundo.

43   Não há nesta ilha engenho fabricado
Dos que o açúcar[30] fazem saboroso,
Porque um, que ainda estava levantado
Fez nele o seu ofício o tempo iroso;
Outros houve também, que o duro fado
Por terra pôs cruel e rigoroso,
E ainda hoje um, que foi mais soberano
Pendura as cinzas por painel troiano.

44   Claras as águas são e transparentes,
Que de si manam copiosas fontes,
Umas regam os vales adjacentes,
Outras descendo vêm dos altos montes;
E quando com seus raios refulgentes

---

30 *assucar*, na edição consultada.

As doura Febo abrindo os horizontes,
Tão cristalinas são, que aqui difusa
Parece nasce a fonte de Aretusa.

45   Pela relva do campo mais viçoso
O gado junto e pingue anda pastando,
O roubador de Europa furioso,
E o que deu o véu de ouro em outro bando.
O bruto de Netuno generoso
Vai as areias soltas levantando,
E nos bosques as feras Acteonêas[31]
A república trilham das Napêas.

46   Aqui o campo florido se semeia
De brancas açucenas e boninas,
Ali no prado a rosa mais franqueia
Olorisando as horas matutinas:
E quando Clóris mais se galanteia,
Dando da face exalações divinas,
Dos ramos no regaço vai colhendo
O clavel[32] e o jasmim, que está pendendo.

47   As frutas se produzem copiosas,
De várias castas e de várias cores,
Umas se estimam muito por cheirosas,
Outras levam vantagem nos sabores:
São tão belas, tão lindas e formosas,
Que estão causando à vista mil amores,
E se nos prados Flora mais blasona,
São os pomares glória de Pomona.[33]

48   Entre elas todas têm lugar subido
As uvas doces, que esta terra cria,
De tal sorte, que em número crescido

---

31 *Acteonêas*: rimando com *Napêas*.
32 *clavel*: cravo.
33 *Pomona*: deusa dos pomares.

Participa de muitas a Bahia:
Este fruto se gera apetecido
Duas vezes no ano sem porfia,
E por isso é do povo celebrado,
E em toda a parte sempre nomeado.

49 Os coqueiros compridos e vistosos
Estão por reta série ali plantados,
Criam cocos galhardos e formosos,
E por maiores são mais estimados;
Produzem-se nas praias copiosos,
E por isso os daqui mais procurados,
Cedem na vastidão à bananeira,
A qual cresce, e produz desta maneira.

50 De uma lança ao tamanho se levanta,
Estupeo[34] e roliço o tronco tendo,
As lisas folhas têm grandeza tanta,
Que até mais de onze palmos vão crescendo:
Da raiz se lhe erige nova planta,
Que está o parto futuro prometendo,
E assim que o fruto lhe sazona e cresce,
Como das plantas víbora fenece.

51 Os limões doces muito apetecidos
Estão virgíneas tetas imitando,
E quando se vêem crespos e crescidos,
Vão as mãos curiosas incitando:
Em árvores copadas, que estendidos
Os galhos têm, e as ramas arrastando
Se produzem as cidras amarelas,
Sendo tão presumidas como belas.

52 A laranjeira tem no fruto loiro
A imitação dos pomos de Atalanta,

---

34 *Estupeo*: estupendo, extraordinário.

E pela cor, que em si conserva de oiro,
Por isso estimação merece tanta:
Abre a romã da casca o seu tesoiro,
Que do rubi a cor flamante espanta,
E quanto mais os bagos vai fendendo,
Tanto vai mais formosa parecendo.

53 Os melões excelentes e olorosos
Fazem dos próprios ramos galeria:
Também estende os seus muito viçosos
A pevidosa e doce melancia;
Os figos de cor roxa graciosos
Poucos se logram salvo se à porfia
Se defendem de que com os biquinhos
Os vão picando os leves passarinhos.

54 No ananás se vê como formada
Uma coroa de espinhos graciosa,
A superfície tendo matizada
Da cor que Citeréia deu à rosa;
E sustentando a coroa levantada
Junto co'a vestidura decorosa,
Está mostrando tanta gravidade,
Que as frutas lhe tributam majestade.

55 Também entre as mais frutas as jaqueiras
Dão pelo tronco a jaca adocicada,
Que vindo lá de partes estrangeiras
Nesta província é fruta desejada:
Não fiquem esquecidas as mangueiras,
Que dão a manga muito celebrada,
Pomo não só ao gosto delicioso,
Mas para o cheiro almíscar oloroso.

56 Inumeráveis são os cajus belos,
Que estão dando prazer por rubicundos,
Na cor também há muitos amarelos,

E uns e outros ao gosto jucundos,
E só bastava para apetecê-los
Serem além de doces tão fecundos,
Que em si tem a brasílica castanha
Mais saborosa que a que cria Espanha.

57   Os araçás diversos e silvestres,
Uns são pequenos, outros são maiores:
Oitis, cajás, pitangas por agrestes
Estimadas não são dos moradores:
Aos maracujás chamar quero celestes,
Porque contêm no gosto tais primores,
Que se os antigos na Ásia os encontraram,
Que era o néctar de Jove imaginaram.

58   Outras frutas dissera, mas agora
Têm lugar os legumes saborosos,
Porém por não fazer nisto demora
Deixo esta explicação aos curiosos;
Mas com tudo dizer quero por ora,
Que produz esta terra copiosos
Mandioca, inhame, favas e carás,
Batatas, molho, arroz e mangarás.

59   O arvoredo desta ilha rica e bela
Em circuito toda a vai ornando,
De tal maneira que só basta vê-la
Quando já está alegrias convidando:
Os passarinhos, que se criam nela
De raminho em raminho andam cantando
E nos bosques brenhas não se engana
Quem exercita o ofício de Diana.

60   Tem duas freguesias muito extensas
Das quais uma matriz mais soberana
Se dedica ao Redentor, que a expensas
Do seu sangue remiu a prole humana,

E ainda que do tempo sinta ofensas
A devoção com ela não se engana,
Porque tem uma imagem milagrosa
Da Santa Vera Cruz para ditosa.

61   A Santo Amaro a outra se dedica,
A quem venerações o povo rende,
Sendo tão grande a ilha Itaparica,
Que a uma só paróquia não se estende.
Mas com estas igrejas só não fica
Porque capelas muitas compreende,
E nisto mostram seus habitadores
Como dos santos são veneradores.

62   Dedica-se a primeira àquele santo
Mártir, que em vivas chamas foi aflito,
E ao tirano causou terror e espanto,
Quando por Cristo foi assado e frito:
Também não fique fora de meu canto
Uma, que se consagra a João Bendito,
E outra (correndo a costa para baixo)
Que à Senhora se dá do Bom Despacho.

63   Outra a Antonio Santo e glorioso
Tem por seu padroeiro e advogado,
Está fundada n'um sítio delicioso,
Que por esta capela é mais amado.
Em um terreno, alegre e gracioso
Outra se fabricou de muito agrado,
Das Mercês a Senhora verdadeira
É desta capelinha a padroeira.

64   Também outra se vê que é dedicada
À Senhora da Penha milagrosa,
Aqui airosamente situada
Está n'uma planície especiosa.
Uma também de S. José chamada

Há nesta ilha por certo gloriosa,
Junta com outra de João, que sendo
Duas, se vai de todo engrandecendo.

65   Até aqui Musa: não me é permitido
Que passe mais avante a veloz pena.
A minha pátria tenho definido
Com esta descrição breve e pequena;
E se o tê-la tão pouco engrandecido,
Não louva, mas antes me condena,
Não usei termos de poeta experto,
Fui historiador em tudo certo.

(*Florilégio da poesia brasileira*, I, p.201-12)

Frei José de Santa Rita Durão
(1722(?)-1784)

CARAMURU
Poema épico do descobrimento da Bahia

(1781)

REFLEXÕES PRÉVIAS E ARGUMENTO

Os sucessos do Brasil não mereciam menos um Poema que os da Índia. Incitou-me a escrever este o amor da Pátria. Sei que a minha profissão exigiria de mim outros estudos; mas estes não são indignos de um religioso, porque o não foram de bispos, e bispos santos; e, o que mais é, de Santos Padres, como S. Gregório Nazianzeno, S. Paulino, e outros; maiormente, sendo este poema ordenado a pôr diante dos olhos aos libertinos o que a natureza inspirou a homens que viviam tão remotos das que eles chamam *preocupações de espíritos débeis*. Oportunamente o insinuamos em algumas notas; usamos sem escrúpulo de nomes tão bárbaros; os Alemães, Ingleses, e semelhantes, não parecem menos duros aos nossos ouvidos, e os nossos aos seus. Não faço mais apologias da obra, porque espero as repreensões, para, se for possível, emendar os defeitos, que me envergonho menos de cometer que de desculpar.

A ação do poema é o descobrimento da Bahia, feito quase no meio do século XVI por Diogo Álvares Correia, nobre Vianês. compreendendo em vários episódios a história do Brasil, os ritos, tradições, milícias dos seus indígenas, como também a natural, e política das colônias.

Diogo Álvares passava ao novo descobrimento da capitania de São Vicente, quando naufragou nos baixos de Boipebá, vizinhos à Bahia. Salvaram-se com ele seis dos seus companheiros, e foram devorados pelos gentios antropófagos, e ele esperado, por vir enfermo, para melhor nutrido servir-lhes de mais gostoso pasto. Encalhada a nau, deixaram-no tirar dela pólvora, bala, armas, e outras espécies, de que ignoravam o uso. Com uma espingarda matou ele caçando certa ave, de que espantados, os bárbaros o aclamaram *Filho do trovão, o Caramuru,* isto é, *Dragão do mar.* Combatendo com os gentios do sertão, venceu-os, e fez-se dar obediência daquelas nações bárbaras. Ofereceram-lhe os principais do Brasil as suas filhas por mulheres; mas de todas escolheu Paraguassu, que depois conduziu consigo à França, ocasião em que outras cinco Brasilianas seguiram a nau francesa a nado, por acompanhá-lo, até que uma se afogou, e, intimidadas, as outras se retiraram.

Salvou um navio de Espanhóis, que naufragaram, com o que mereceu que lho agradecesse o Imperador Carlos V com uma honrosa carta. Passou à França em nau que ali abordou daquele reino, e foi ouvido com admiração de Henrique II, que o convidava para em seu nome fazer aquela conquista. Repugnou ele, dando aviso ao Senhor D. João III por meio de Pero Fernandes Sardinha, primeiro bispo da Bahia. Cometeu o Monarca a empresa a Francisco Pereira Coutinho, fazendo-o donatário daquela Capitania. Mas este, não podendo amansar os Tupinambás, que habitavam o Recôncavo, retirou-se à Capitania dos Ilhéus; e, pacificando depois com os Tupinambás, tornava à Bahia, quando ali infaustamente pereceu em um naufrágio. Entanto Diogo Álvares assistiu em Paris ao batismo de Paraguassu sua esposa, nomeada nele Catarina, por Catarina de Médicis, Rainha Cristianíssima, que lhe foi madrinha, e tornou com ela para a Bahia, onde foi reconhecida dos Tupinambás como herdeira do seu Principal, e Diogo recebido com o antigo respeito. Teve Catarina Álvares uma visão famosa, em que a Virgem Santíssima, manifestando-se-lhe cheia de glória, lhe disse que fizesse restituir uma imagem sua roubada por um Selvagem. Achou-se esta nas mãos de um Bárbaro; e Catarina Álvares com exclamações de júbilo se lançou a abraçá-la, clamando ser aquela a imagem mesma que lhe aparecera: foi colocada com o título de Virgem Santíssima da Graça em uma Igreja, que é hoje Mosteiro de S. Bento, célebre por esta tradição. Chegou entanto de Portugal Tomé de Sousa com algumas naus, famílias e tropas para povoar a Bahia. Sebastião da Rocha Pita, Autor da História Brasílica, e natural da mesma cidade, assevera que Catarina Álvares renunciara no Senhor D. João III os direitos que tinha sobre os Tupinambás, como herdeira dos seus maiores Principais; ele mesmo atesta que aquele Monarca mandara aos seus Governadores que honrassem e atendessem Diogo Álvares Correia, Caramuru pelos referidos serviços; e foi com efeito ele o tronco da nobilíssima casa da Torre na Bahia; e Catarina Álvares sua mulher foi honrada por aquela metrópole com um seu retrato sobre a porta da casa da pólvora, ao lado das armas reais. Leia-se Vasconcelos na História do Brasil, Francisco de Brito Freire, e Sebastião da Rocha Pita.

O AUTOR
(*Caramuru*, p.13-6)[1]

---

1 Durão, 1945.

CANTO I

I

De um varão em mil casos agitados,
Que as praias discorrendo do ocidente
Descobriu recôncavo afamado
Da capital brasílica potente;
Do filho do trovão denominado,
Que o peito domar soube à fera gente,
O valor cantarei na adversa sorte,
Pois só conheço herói quem nela é forte.

II

Santo Esplendor, que do Grão Padre manas
Ao seio intacto de uma Virgem bela,
Se da enchente de luzes soberanas
Tudo dispensas pela Mãe donzela,
Rompendo as sombras de ilusões humanas,
Tudo do grão caso a pura luz revela;
Faze que em ti comece e em ti conclua
Esta grande obra, que por fim foi tua.

III

E vós, príncipe excelso,[2] do céu dado
Para base imortal do luso trono;
Vós, que do áureo Brasil no principado
Da real secessão sois alto abono:
Enquanto o império tendes descansado
Sobre o seio da paz com doce sono,
Não queirais dedignar-vos no meu metro
De pôr os olhos e admiti-lo ao cetro.

---

2   *príncipe excelso*: o príncipe invocado é D. José, filho de D. Maria I e D. Pedro II (1761-1788) (nota da edição Agir, 1961).

IV

Nele vereis nações desconhecidas,
Que em meio dos sertões a fé não doma,
E que puderam ser-vos convertidas
Maior império, que houve em Grécia ou Roma:[3]
Gentes vereis e terras escondidas,
Onde, se um raio da verdade assoma,
Amansando-as, tereis na turba imensa
Outro reino maior que a Europa extensa.

V

Devora-se a infeliz mísera gente;
E, sempre reduzida a menos terra,
Virá toda a extinguir-se infelizmente,
Sendo em campo menor maior a guerra;
Olhai, senhor, com reflexão clemente
Para tantos mortais, que a brenha encerra,
E que, livrando desse abismo fundo,
Vireis a ser monarca de outro mundo.

VI

Príncipe, do Brasil futuro dono,
À mãe da pátria, que administra o mando,
Ponde, excelso senhor, aos pés do trono
As desgraças do povo miserando;
Para tanta esperança é o justo abono
Vosso título e nome, que, invocando,
Chamará, como a outro o egípcio povo,
D. José salvador de um mundo novo.

---

3 *Grécia ou Roma*: topos épico, pelo qual todas as referências elogiosas feitas posteriormente aos modelos épicos gregos e romanos se propõem a superá-los.

VII

Nem podereis temer que ao santo intento
Não se nutram heróis no luso povo,
Que o antigo Portugal vos apresento
No Brasil renascido, como em novo.
Vereis do domador do índico assento
Nas guerras do Brasil alto renovo,
E que os seguem nas bélicas idéias
Os Vieiras, Barretos e os Correias.

VIII

Dai, portanto, senhor, potente impulso,
Com que possa entoar sonoro o metro
Da brasílica gente o invicto pulso,
Que aumenta tanto império ao vosso cetro;
E, enquanto o povo do Brasil convulso[4]
Em nova lira canto, em novo plectro,[5]
Fazei que fidelíssimo se veja
O vosso trono em propagar-se a igreja.

IX

Da nova Lusitânia o vasto espaço
Ia a povoar Diogo, a quem bisonho
Chama o Brasil, temendo o forte braço,
Horrível filho do trovão medonho,
Quando do abismo por cortar-lhe o passo
Essa fúria saiu como suponho,
A quem do inferno o paganismo aluno,
Dando o império das águas, fez Netuno.

---

4 "*Povo ... convulso* – Epíteto que dá Isaías aos americanos, como conjecturam os melhores intérpretes" (Durão, 1945, p.42).

5 *novo plectro*: nova inspiração. A proposta de criar obra nova é lugar-comum desde a Antiguidade.

X

O grão tridente, com que o mar comove,
Cravou dos Órgãos[6] na montanha horrenda
E na escura caverna, adonde Jove
(Outro espírito) espalha a luz tremenda,
Relâmpagos mil faz, coriscos chove;
Bate-se o vento em hórrida contenda,
Arde o céu, zune o ar, treme a montanha,
E ergue-lhe o mar em frente outra tamanha.

XI

O filho do trovão, que em baixel ia
Por passadas tormentas ruinoso,
Vê que do grosso mar na travessia
Se sorve o lenho pelo pego undoso.
Bem que, constante, a morte não temia,
Invoca no perigo o Céu piedoso,
Ao ver que a fúria horrível da procela
Rompe a nau, quebra o leme e arranca a vela.

XII

Lança-se ao fundo o ignívomo instrumento,
Todo o peso se alija; o passageiro,
Para nadar no túmido elemento,
A tábua abraça que encontrou primeiro;
Quem se arroja no mar temendo o vento,
Qual se fia a um batel, quem a um madeiro,
Até que sobre a penha, que a embaraça,
A quilha bate e a nau se despedaça.

---

6 "*Serra dos Órgãos* – Ramo da célebre cordilheira que discorre pelo Brasil, saindo das suas cavernas névoas tempestuosas" (Durão, 1945, p.42).

XIII

Sete somente do batel perdido
Vêm à praia cruel, lutando a nado;
Oferecer-lhes socorro fementido[7]
Bárbara multidão, que acode ao brado;
E, ao ver na praia o benfeitor fingido,
Rende-lhe as mãos o náufrago enganado.
Tristes! que a ver algum qual fim o espera
Com quanta sede a morte não bebera!

...

XXXIII

Um dia, pois, que à sombra desejada
Se repousam, passando a calma ardente,
Por dar alívio à dor reconcentrada
De ver-se escravos de tão fera gente,
Fernando, um deles,[8] diz, que aos mais agrada
Por cantigas que entoa docemente,
Que em cítara, que o mar na terra lança,
Se divirtam da fúnebre lembrança.

XXXIV

Mancebo era Fernando mui polido,
Douto em letras e em prendas celebrado,
Que, nas ilhas do Atlântico nascido,
Tinha muito coas musas conversado;
Tinha ele os rumos do Brasil seguido
Por ver o monumento celebrado

---

7 *fementido*: enganoso.
8 *um deles*: um dos sete náufragos, entre os quais está Diogo Álvares Correia, o Caramuru.

De uma estátua⁹ famosa que num pico
Aponta do Brasil um país rico.

XXXV

Pedira-lhe Luís, que isto escutara,
De profética estátua o conto inteiro,
Se foi verdade, se invenção foi clara
De gente rude ou povo noveleiro.
Fernando então, que em metro já cantara
O sucesso, que atesta verdadeiro,
Toma nas mãos a cítara suave
E, entoando, começa em canto grave.

XXXVI

Oculto o tempo foi, incerta a era,
Em que o grão-caso contam sucedido;
Mas em parte é sem dúvida sincera
A bela história, que a escutar convido.
Feliz foi o ditoso, e feliz era
Quem tanto foi do céu favorecido,
Pois em meio ao corrupto gentilismo
Merecer soube a Deus o seu batismo.[10]

...

L

E como era a maior que experimentava
O ver que livremente o mal seguia;

---

9 "*Estátua* – É estimada por prodigiosa a estátua que se vê ainda na ilha do Corvo, uma das Açores, achada no descobrimento daquela ilha sobre um pico, apontando para a América. Foi achada sem vestígio de que jamais ali habitasse pessoa humana. Devo a um grande do nosso reino, fidalgo eruditíssimo, a espécie de que se conserva uma história desta estátua manuscrita, obra do nosso imortal João de Barros" (Durão, 1945, p.43).

10 Esta estrofe mostra bem o lugar de onde fala o autor em face da relação entre o europeu e o indígena.

Que a suprema Bondade se agravava
Donde um homem de bem se agravaria;
Vendo que a afronta, que esta ação causava,
Só se houvera outro Deus, se pagaria;
E impossível mais de um reconhecendo...
Daqui não passo, e cego me suspendo.[11]

...

LXVII

Calou então Fernando, mas não cala
Na cítara[12] dourada outra harmonia,
Onde parece a mão que também fala,
E que quanto a voz disse repetia.
Saíra entanto um bárbaro a escutá-la,
Que, encantado da doce melodia,
Toma nas mãos o músico instrumento,
Toca-o sem arte e salta de contento.[13]

---

11 "*Suspendo* – Até aqui são os limites do lume natural, e com ele somente o alcança a filosofia; porém o remédio da natureza humana, ferida pela culpa, não pode constar-nos senão pela revelação" (Durão, 1945, p.43). As notas reforçam a evidência do controle exercido pelo autor sobre as personagens a partir de sua condição de sacerdote. A suspensão da fala, como indicação de um limite que não pode ser transposto pelo homem, é procedimento comum na linguagem épica.

12 A cítara é um dos instrumentos que revelam o ambiente clássico da épica.

13 *sem arte*: compare-se essa referência à falta de habilidade do indígena para tocar a cítara com a autoironia de Mário de Andrade: "sou um tupi tangendo um alaúde" ("O trovador", *OC*, p.32).

CANTO II

...

XLIII

Não era assim nas aves fugitivas,
Que umas frechava no ar, e outras em laços
Com arte o caçador tomava vivas;
Uma, porém, nos líquidos espaços
Faz com a pluma as setas pouco ativas,
Deixando a lisa pena os golpes laços,
Toma-a de mira Diogo e o ponto aguarda:
Dá-lhe um tiro e derriba-a coa espingarda.

XLIV

Estando a turba longe de cuidá-lo,
Fica o bárbaro ao golpe estremecido
E cai por terra no tremendo abalo
Da chama de fracasso e do estampido;
Qual do hórrido trovão com raio e estalo
Algum junto aquém cai, fica aturdido,
Tal Gupeva ficou, crendo formada
No arcabuz de Diogo uma trovoada.

XLV

Toda a terra prostrada, exclama e grita
A turba rude em mísero desmaio,
E faz o horror que estúpida repita
Tupá, Caramuru, temendo um raio,
Pretendem ter por Deus, quando o permita,
O que estão vendo em pavoroso ensaio,
Entre horríveis trovões do márcio jogo,
Vomitar chamas e abrasar com fogo.

XLVI

Desde esse dia, é fama que por nome
Do grão Caramuru foi celebrado
O forte Diogo; e que escutado dome
Este apelido o bárbaro espantado.
Indicava o Brasil no sobrenome,
Que era um dragão dos mares vomitado;
Nem doutra arte entre nós a antiga idade
Tem Jove, Apolo e Marte por deidade.

XLVII

Foram qual hoje o rude americano
O valente romano, o sábio argivo;
Nem foi de Salmoneu[14] mais torpe o engano,
Do que outro rei fizera em Creta altivo.
Nós que zombamos deste povo insano,
Se bem cavarmos no solar nativo,
Dos antigos heróis dentro às imagens
Não acharemos mais que outros selvagens.[15]

XLVIII

E fácil propensão na brutal gente,
Quando em vida ferina admira uma arte,
Chamar um fabro o Deus da forja ingente,
Dar ao guerreiro a fama de um deus Marte.
Ou talvez por sulfúreo fogo ardente,
Tanto Jove se ouviu por toda a parte.
Hércules e Teseus, Jasões no Ponto
Seriam coisas tais, como as que eu conto.[16]

---

14 "*Salmoneu* – Este príncipe pretendia imitar o raio para espantar os Gregos, então bárbaros e semelhantes aos nossos brasilienses. Tanto se pode crer do rei de Creta, que aqueles Insulares chamaram Júpiter" (Durão, 1945, p.68).

15 Note-se que esse pensamento é de sabor moderno na medida em que identifica, no interior no homem civilizado, seu lastro primitivo.

16 *como as que eu conto*: Durão segue o hábito dos poetas épicos de fundamentarem seu tema na tradição.

XLIX

Quanto merece mais que em douta lira
Se canto por herói quem, pio e justo,
Onde a cega nação tanto delira,
Reduz à humanidade um povo injusto?
Se por herói no mundo só se admira
Quem tirano ganhava um nome Augusto,
Quando o será maior que o vil tirano
Quem nas feras infunde um peito humano?

...

LXXVII

Perguntá-lo dos bárbaros quisera;
Mas, como o aceno e língua muito engana,
Acaso soube que a Gupeva viera
Certa dama gentil brasiliana;
Que em Taparica um dia comprendera[17]
Boa parte da língua lusitana;
Que português escravo[18] ali tratara,
De quem a língua, pelo ouvir, tomara.

LXXVIII

Paraguassu gentil (tal nome teve)
Bem diversa de gente tão nojosa,
De cor tão alva como a branca neve,[19]
E donde não é neve, era de rosa;
O nariz natural, boca mui breve,
Olhos de bela luz, testa espaçosa;

---

17 *comprendera*: compreendera.

18 "*Português escravo* – Ficção poética sobre o verossímil, não sendo difícil que algum dos portugueses, deixados por Cabral, ou por outros capitães, nas costas para aprenderem a língua, comunicassem parte dela aos habitantes" (ibidem).

19 Observar o padrão de beleza atribuído à indígena Paraguassu, com a notação expressa de que ela era diferente dos nativos.

De algodão tudo o mais, com manto espesso,
Quanto honesta encobriu, fez ver-lhe o preço.

LXXIX

Um principal das terras do contorno
A bela americana tem por filha;
Nobre sem fasto, amável sem adorno,
Sem gala encanta e sem concerto brilha;
Servia aos carijós, que tinha em torno,
Mais que de amor, de objetos a maravilha;
De um desdém tão gentil, que a quem olhava,
Se mirava imodesto, horror causava.

LXXX

Foi destinada de seus pais valentes
Esposa de Gupeva; mas a dama
Fugia de seus olhos impacientes;
Nem prenda lhe aceitou, porque o não ama.
Nada sabem de amor bárbaras gentes,
Nem arde em peito rude a amante chama;
Gupeva, que não sente o seu despeito
Tratava-a sem amor, mas com respeito.

LXXXI

Deseja vê-lo o forte lusitano,
Por que interprete a língua que entendia;
E toma por mercê do céu sob'rano
Ter como entenda o idioma da Bahia.
Mas, quando esse prodígio avista humano,
Contempla no semblante a louçania:
Pára um, vendo o outro, mudo e quedo,
Qual junto de um penedo outro penedo.[20]

---

20 Ver o verso de *Os lusíadas*: "E junto dum penedo outro penedo!" (V, LVI).

CANTO III

I

Já nos confins extremos do horizonte
Dourava o sol no ocaso rubicundo
Com tíbio raio acima do alto monte,
E as sombras caem sobre o vale fundo;
Ia morrendo a cor no prado e fonte,
E a noite, que voava ao novo mundo,
Nas asas traz com viração suave
O descanso aos mortais no sono grave.[21]

II

Só com Gupeva a dama e com Diogo
Gostosa aos dois de intérprete servia;
E, perguntado sobre o sacro fogo,
A qual fim se inventara, a que servia,
Deu-lhe simples razão Gupeva logo:
« Supre de noite (disse) a luz do dia;
E como Tupá ao mundo a luz acende,
Tanto fazer-se aos hóspedes empreende,[22]

III

Se pecando o mau espírito solevas,
Sucede que talvez cruel se enoje;
E como é pai da noite e autor das trevas,
Tanto aborrece a luz, que, em vendo-a, foge;
Porém, se à luz eterna o peito elevas,
Não há fúria do Averno que se arroje;
Talvez por lhe excitar tristes idéias
Das chamas que tiveram por cadeia. »

---

21 Iniciando o canto, essa estrofe funciona como fórmula épica responsável pela marcação do tempo e do lugar da ação.
22 *emprende*, na edição consultada.

IV

Admira o pio herói que assim conheça
A nação rude as legiões do Averno;[23]
Nem já duvida que do céu lhe desça
Clara luz de um princípio sempiterno.
« Diz-me, hóspede amigo, se professa
Este teu povo, diz, com culto externo
Adorar algum Deus? qual é? onde ande?
Se seja um Deus somente, ou que outros mande?»

V

« Um Deus (diz), um Tupá, um ser possante[24]
Quem poderá negar que reja o mundo,
Ou vendo a nuvem fulminar tonante,
Ou vendo enfurecer-se o mar profundo?
Quem enche o céu de tanta luz brilhante?
Quem borda a terra de um matiz fecundo?
E aquela sala azul, vasta, infinita,
Se não está lá Tupá, quem é que a habita?

VI

A chuva, a neve, o vento, a tempestade
Quem a rege? a quem segue? ou quem a move?
Quem nos derrama a bela claridade?
Quem tantas trevas sobre o mundo chove?
E este espírito amante da verdade,

---

23 "*Legiões do Averno* – É constante o conhecimento que têm os bárbaros da América dos espíritos infernais. De quem o aprenderam? Quem lhes inspirou estes sentimentos? Respondam os materialistas e libertinos. Como era possível que concordassem com as outras gentes estas nações ferinas e sem algum comércio? Como era factível que conservassem, depois de tantos séculos, tão clara noção de espíritos separados?" (Durão, 1945, p.92).

24 "*Um Deus* – É injúria que se faz por alguns autores aos brasilienses, supondo--os sem conhecimento de Deus, lei e rei. Eles têm a voz *Tupá* com a especial significação de um ente supremo, como sabemos dos missionários e dos peritos dos seus idiomas" (ibidem).

Inimigo do mal, que o bem promove,
Coisa tão grande, como fora obrada,
Se não lhe dera o ser, quem vence o nada?

...

XIV

Quantas vezes em mim, se ser pudesse,
Um pensamento d'alma eu dividira!
Que todo o mal enfim que o homem padece
Vem da imagem cruel, que dentro gera.
Mas a interna impressão tanto mais cresce
Quanto o peito ansiado mais suspira;
E vejo que há em mim mesmo oculto e interno
Entre a mente e a verdade um laço eterno.[25]

...

XIX

Pasmado Diogo do que atento escuta,
Não crê que a singular filosofia
Possa ser da invenção da gente bruta;
Mas a intérprete bela lhe advertia
Que a antiga tradição nunca interrupta
Em cantigas, que o povo repetia,
Desde a idade infantil todos comprendem,[26]
E que dos pais e mães cantando aprendem.

---

25 "*Laço eterno* – A verdade e indelével impressão que dela sentimos no espírito é um grande argumento da imortalidade, a que recorreram maiormente Platão, Santo Agostinho etc. Convence dos costumes e ritos dos brasilienses a antiga persuasão que têm da imortalidade da alma" (ibidem).

26 *comprendem*: *compreendem*, rimando com "aprendem".

XX

Que eram pedaços das canções, que entoam[27]
As que ouvia a Gupeva (e talvez tudo)
Que poético estilo doces soam
Feitas por sábios de sublime estudo.
Que alguns entre eles com tal estro voam,
Que, envolvendo-se o harmônico no agudo
Parece que lhe inflama a fantasia
Algum nume, se o há, da poesia.

...

XXXI

Além da grã-montanha,[28] em que se oculta
O cárcere das sombras horroroso,
De mil delícias num terreno exulta
Quem vive justo ou quem morreu piedoso.
Não se acha imagem nesta terra inculta
Que seja sombra do país ditoso.
O tempo ali da paz foi levantado,
Sempre aberto ao prazer e à dor fechado.

XXXII

Há do ameno jardim na vasta entrada
Uma grã-porta de safiras belas,
Onde da etérea luz reverberada
Se pinta em vasto fundo um mar de estrelas;
Toda ela em torno, em torno decorada
De flóridas belíssimas capelas,

---

27 "*Canções* – Sei que Martinière afirma não ter ouvido nas canções brasilienses indícios de religião. Mas suponho bem que não veria todas; e creio que seja impossível terem eles conservado as tradições que o mesmo autor confessa, sem este, ou igual meio" (ibidem).

28 "*Além da grã-montanha* -- Os bárbaros crêem que haja lugar destinado para prêmio dos bons, e colocam-no além das montanhas do Peru" (ibidem, p.93).

Junto voragem há de um precipício,
Que sorve a quem se encosta infecto em vício.

XXXIII

Vêem-se dentro campinas deleitosas,
Geladas fontes, árvores copadas,
Outeiros de cristal, campos de rosas,
Mil frutíferas plantas delicadas;
Coberto o chão das frutas mais mimosas,
Com mil formosas cores matizadas;
E, à maneira, entre as flores, de serpentes,
Vão volteando as líquidas correntes.

XXXIV

Latadas de martírios há sombrias,
Que com a rama e flor formam passeios,
Onde passam sem calma os claros dias
Gozando sem temor de mil recreios,
Chuvas ali não há, nem brumas frias,
Nem das procelas hórridas receios;
Nem há na primavera e verdes maios[29]
Quem receie o trovão, nem tema os raios.

...

LX

Se os mares nunca dantes navegados[30]
Discorrestes por climas diferentes,
Sabereis doutros homens separados,
Descobertos talvez das vossas gentes,
Que por estreitos, pode ser, gelados,

---

29 *verdes maios*: Durão utiliza a palavra "maio" na acepção que ela tem na Europa, isto é, estação da primavera, que vai de 21 de março a 20 de junho.
30 Observar que Gupeva, o indígena interlocutor de Diogo Álvares Correa, utiliza um verso de *Os lusíadas*: "Por mares nunca de antes navegados" (I, 1, 3).

Transitaram nos nossos continentes;
Vós direis se homens há na roxa aurora
Nus e pintados, como nós agora.

...

LXVI

A forma do governo por abuso
Anárquico entre nós sem lei[31] se of'rece;
Mas nos que fazem da razão bom uso
Justa legislação reinar parece.
Nem nos tomes por povo tão confuso,
Que um público poder não conhecesse:
Há senado entre nós, sábio e prudente,[32]
A quem o nobre cede e a humilde gente.

...

(*Caramuru*, p.20-85)

---

31 *sem lei*: interessante é que, se aqui o autor aceita a afirmação dos primeiros cronistas de que os indígenas não tinham "lei" (Grabriel Soares de Souza, no *Tratado descritivo do Brasil*, dizia que eles não tinham "fé", "lei" nem "rei", em nota ao verso que contém os termos "Deus/Tupá" (III, V, 1)), Durão refuta essa opinião dos cronistas, fundado na dos "missionários e dos peritos dos seus idiomas".

32 "*Há senado* – Todos os que escrevem os costumes dos brasilianos confessam que presidem ao seu governo os anciãos e os príncipes das Tabas, ou aldeias: e que outra coisa é o senado" (ibidem, p.93).

Cláudio Manuel da Costa
(1729-1789)

OBRAS
(1768)

PRÓLOGO AO LEITOR

SE NÃO FOR MUITA A TUA MALDADE, sempre hás de confessar que algum agradecimento se deve a um Engenho, que desde os sertões da Capitania das Minas Gerais aspira a brindar-te com o pequeno obséquio destas *Obras*. Conheço que só entre as delícias do Pindo se podem nutrir aqueles espíritos, que desde o berço se destinaram a tratar as Musas: e talvez nesta certeza imaginou o Poeta desterrado que as Cícladas[1] do mar Egeu se tinham admirado de que ele pudesse compor entre os horrores das embravecidas ondas.

---

1 *Cícladas* (ou *Cíclades*) são ilhas de Arquipélago no Mediterrâneo Oriental; há aqui uma alusão a Ovídio, o *Poeta desterrado*, banido por Augusto para uma cidade isolada do mar Negro em 8 d. C. (nota da edição consultada).

Não permitiu o Céu que alguns influxos, que devi às águas do Mondego, se prosperassem por muito tempo: e destinado a buscar a Pátria, que por espaço de cinco anos havia deixado, aqui entre a grossaria[2] dos seus gênios, que menos pudera eu fazer que entregar-me ao ócio, e sepultar-me na ignorância! Que menos, do que abandonar as fingidas Ninfas destes rios e no centro deles adorar a preciosidade daqueles metais, que têm atraído a este clima os corações de toda a Europa! Não são estas as venturosas praias da Arcádia, onde o som das águas inspirava a harmonia do versos. Turva, e feia, a corrente destes ribeiros, primeiro que arrebate as idéias de um Poeta, deixa ponderar a ambiciosa fadiga de minerar a terra, que lhes tem pervertido as cores.

A desconsolação de não poder substabelecer aqui as delícias do Tejo, do Lima e do Mondego me fez entorpecer o engenho dentro do meu berço, mas nada bastou para deixar de confessar a seu respeito a maior paixão. Esta me persuadiu a invocar muitas vezes e a escrever a Fábula do Ribeirão do Carmo, rio o mais rico desta Capitania, que corre e dava o nome à Cidade Mariana, minha pátria, quando era Vila.

Bem creio que te não faltará que censurar nas minhas Obras, principalmente nas Pastoris onde, preocupado da comua[3] opinião, te não há de agradar a elegância de que são ornadas. Sem te apartares deste mesmo volume, encontrarás alguns lugares que te darão a conhecer como talvez me não é estranho o estilo simples, e que sei avaliar as melhores passagens de Teócrito, Virgílio, Sanazaro e dos nossos Miranda, Bernardes, Lobo, Camões etc. Pudera desculpar-me, dizendo que o gênio me fez propender mais para o sublime: mas, temendo que ainda neste me condenes o muito uso das metáforas, bastará, para te satisfazer, o lembrar-te que a maior parte destas *Obras* foram compostas ou em Coimbra, ou pouco depois, nos meus primeiros anos, tempo em que Portugal apenas principiava a melhorar de gosto na belas letras. A lição dos Gregos, Franceses e Italianos, sim, me fizeram conhecer a

---

2 *grossaria*: grosseria.
3 *comua*: forma corrente à época; feminino de *comum* (nota da edição consultada).

diferença sensível dos nossos estudos e dos primeiros Mestres da Poesia. É infelicidade que haja de confessar que vejo e aprovo o melhor, mas sigo o contrário na execução.[4]

Contra esta obstinação não há argumento: e sendo empresa dificultosa acomodar semelhante gênero de iguaria ao paladar de todos (porque uns o têm muito entorpecido, e outros demasiadamente delicado) contentar-me-ei com que nestas *Obras* haja alguma cousa que te agrade, ainda que uma grande parte te desgoste. A experiência do contrário me fará condenar o teu gênio, ou de indiscreto, se tudo aprovas, ou de invejoso, se nada louvas.[5]

(*A poesia dos inconfidentes*, p.47-8)

---

4 "*Video meliora, proboque;/ Deteriora sequor*" [Vejo e aprovo as melhores coisas; sigo as piores]. Ovídio (nota da edição consultada).

5 "*Qui legis ista, tuam reprehendo, si mea laudas/ Omnia, stultitiam, si nihil, invidiam*" [Quem quer que sejas que lês estas coisas, censuro tua estupidez, se tudo louvas, tua inveja, se nada aprovas]. Owen, escritor inglês nascido em 1560, é autor de vários volumes de epigramas latinos, comparados aos do poeta Marcial. Seus primeiros livros de epigramas apareceram em 1602. L, I, Ep. 3 (nota da edição consultada).

SONETOS

I

1   Para cantar de amor tenros cuidados,
    Tomo entre vós, ó montes, o instrumento,
    Ouvi pois o meu fúnebre lamento,
    Se é que de compaixão sois animados:

2   Já vós vistes que aos ecos magoados
    Do trácio Orfeu parava o mesmo vento;
    Da lira de Anfião ao doce acento
    Se viram os rochedos abalados.

3   Bem sei, que de outros Gênios o destino,
    Para cingir de Apolo a verde rama,
    Lhes influiu na lira estro divino;

4   O canto, pois, que a minha voz derrama,
    Porque ao menos o entoa um Peregrino,
    Se fez digno entre vós também de fama.

(*A poesia dos inconfidentes,* p.51)

II

1   Leia a posteridade, ó pátrio Rio,
    Em meus versos teu nome celebrado,
    Por que vejas uma hora despertado
    O sono vil do esquecimento frio:

2   Não vês nas tuas margens o sombrio,
    Fresco assento de um álamo copado;
    Não vês Ninfa cantar, pastar o gado,
    Na tarde clara do calmoso estio.

3   Turvo, banhando as pálidas areias,
    Nas porções do riquíssimo tesouro
    O vasto campo da ambição recreias.

4   Que de seus raios o Planeta louro,
    Enriquecendo o influxo em tuas veias
    Quanto em chamas fecunda, brota em ouro.

(*A poesia dos inconfidentes,* p.51-2)

IV

1   Sou pastor, não te nego; os meus montados
    São esses que aí vês; vivo contente
    Ao trazer entre a relva florescente
    A doce companhia dos meus gados:

2   Ali me ouvem os troncos namorados,
    Em que se transformou a antiga gente;
    Qualquer deles o seu estrago sente,
    Como eu sinto também os meus cuidados.

3   Vós, ó troncos (lhes digo), que algum dia
    Firmes vos contemplastes, e seguros
    Nos braços de uma bela companhia,

4   Consolai-vos comigo, ó troncos duros,
    Que eu alegre algum tempo assim me via,
    E hoje os tratos de Amor choro perjuros.

(*A poesia dos inconfidentes,* p.52)

XXVIII

1   Faz a imaginação de um bem amado
    Que nele se transforme o peito amante;
    Daqui vem que a minha alma delirante
    Se não distingue já do meu cuidado.

2   Nesta doce loucura arrebatado,
    Anarda cuido ver, bem que distante;
    Mas ao passo que a busco, neste instante
    Me vejo no meu mal desenganado.

3   Pois se Anarda em mim vive, e eu nela vivo,
    E por força da idéia me converto
    Na bela causa de meu fogo ativo,

4   Como nas tristes lágrimas, que verto,
    Ao querer contrastar seu gênio esquivo,
    Tão longe dela estou, e estou tão perto!

(*A poesia dos inconfidentes,* p.63)

LXXVI

1   Enfim te hei de deixar, doce corrente
    Do claro, do suavíssimo Mondego,
    Hei de deixar-te enfim, e um novo pego
    Formará de meu pranto a cópia ardente.

2   De ti me apartarei; mas bem que ausente,
    Desta lira serás eterno emprego,
    E quanto influxo hoje a dever-te chego,
    Pagará de meu peito a voz cadente.

3   Das Ninfas, que na fresca, amena estância
    Das tuas margens úmidas ouvia,
    Eu terei sempre n'alma a consonância;

4   Desde o prazo funesto deste dia,
    Serão fiscais eternos da minha ânsia
    As memórias da tua companhia.

    (*A poesia dos inconfidentes*, p.85)

C

1   Musas, canoras musas, este canto
    Vós me inspirastes, vós meu tenro alento
    Erguestes brandamente àquele assento,
    Que tanto, ó Musas, prezo, adoro tanto.

2   Lágrimas tristes são, mágoas, e pranto,
    Tudo o que entoa o músico instrumento;
    Mas se o favor me dais, ao mundo atento
    Em assunto maior farei espanto.

3   Se em campos não pisados algum dia
    Entra a Ninfa, o Pastor, a ovelha, o touro,
    Efeitos são da vossa melodia;

4   Que muito, ó Musas, pois, que em fausto agouro
    Cresçam do pátrio rio à margem fria
    A imarcescível hera, o verde louro!

    (*A poesia dos inconfidentes*, p.96)

FÁBULA DE RIBEIRÃO DO CARMO

SONETO

1 *A vós, canoras Ninfas, que no amado*
Berço viveis do plácido Mondego,
Que sois da minha lira doce emprego,
Inda quando de vós mais apartado.

2 *A vós do pátrio Rio em vão cantado*
O sucesso infeliz em vos entrego,
E a vítima estrangeira, com que chego,
Em seus braços acolha o vosso agrado.

3 *Vede a história infeliz, que Amor ordena,*
Jamais de Fauno, ou de Pastor ouvida,
Jamais cantada na silvestre avena.

4 *Se ela vos desagrada, por sentida,*
Sabei que outra mais feia em minha pena
Se vê entre estas serras escondida.

5 Aonde levantado
Gigante, a quem tocara,
Por decreto fatal de Jove irado,[6]
A parte extrema, e rara
Desta inculta região, vive Itamonte,[7]
Parto da terra, transformado em monte.

6 De uma penha, que esposa
Foi do invicto Gigante,

---

6 *Por decreto fatal de Jove irado:* alusão à guerra travada entre os deuses e os gigantes, castigados no final por Júpiter, com a vitória dos deuses (nota da edição).
7 *Itamonte*: Itacolomi, pico de Minas Gerais.

Apagando Lucina[8] a luminosa
Alâmpada[9] brilhante,
Nasci, tendo em meu mal logo tão dura,
Como em meu nascimento, a desventura.

7   Fui da florente idade
Pela cândida estrada
Os pés movendo com gentil vaidade,
E a pompa imaginada
De toda a minha glória num só dia
Trocou de meu destino a aleivosia.

8   Pela floresta, e prado,
Bem polido mancebo,
Girava em meu poder tão confiado,
Que até do mesmo Febo
Imaginava o trono peregrino
Ajoelhado aos pés do meu destino.

9   Não ficou tronco, ou penha,
Que não desse tributo
A meu braço feliz, que já desdenha,
Despótico, absoluto,
As tenras flores, as mimosas plantas,
Em rendimentos mil, em glórias tantas.

10   Mas ah! que Amor tirano,
No tempo em que a alegria
Se aproveitava mais do meu engano,
Por aleivosa via
Introduziu cruel a desventura,
Que houve de ser mortal, por não ter cura.

---

8 *Lucina*: deusa da luz; identificada à Lua, por alguns (nota da edição).
9 *Alâmpada*: lâmpada; *alâmpada* é forma antiga, em desuso (nota da edição).

11   Vizinho ao berço caro
        Aonde a Pátria tive,
    Vivia Eulina, esse prodígio raro,
        Que não sei se inda vive,
    Para brasão eterno da beleza,
    Para injúria fatal da natureza.

12   Era Eulina de Aucolo
        A mais prezada filha;
    Aucolo tão feliz, que o mesmo Apolo
        Se lhe prostra, se humilha,
    Na cópia da riqueza florescente,
    Destro na lira, no cantar ciente.

13   De seus primeiros anos
        Na beleza nativa,
    Humilde Aucolo, em ritos não profanos,
        A bela Ninfa esquiva,
    Em voto ao sacro Apolo consagrara,
    E dele em prêmio tantos dons herdara.

14   Três lustros, todos d'ouro,
        A gentil formosura
    Vinha tocando apenas, quando o louro,
        Brilhante Deus procura
    Acreditar do Pai o culto atento,
    Na grata aceitação do rendimento.

15   Mais formosa de Eulina
        Respirava a beleza;
    De ouro a madeixa rica e peregrina
        Dos corações faz presa;
    A cândida porção da neve bela
    Entre as rosadas faces se congela.

16   Mas ainda que a ventura
        Lhe foi tão generosa,

Permite o meu destino que uma dura
   Condição rigorosa
Ou mais aumente enfim, ou mais ateie
Tanto esplendor, para que mais me enleie.

17 Não sabe o culto ardente
       De tantos sacrifícios
    Abrandar o seu Nume: a dor veemente,
       Tecendo precipícios,
    Já quase me chegava a extremo tanto,
    Que o menor mal era o mortal quebranto.

18 Vendo inútil o empenho
       De render-lhe a fereza,
    Busquei na minha indústria o meu despenho:
       Com ingrata destreza
    Fiei de um roubo (oh! mísero delito!)
    A ventura de um bem, que era infinito.

19 Sabia eu como tinha
       Eulina por costume
    (Quando o maior Planeta quase vinha
       Já desmaiando o lume,
    Para dourar de luz outro horizonte)
    Banhar-se nas correntes de uma fonte.

20 A fugir destinado
       Com o furto precioso,
    Desde a Pátria, onde tive o berço amado,
       Recolhi numeroso
    Tesouro, que roubara diligente
    A meu Pai, que de nada era ciente.

21 Assim, pois, prevenido
       De um bosque, à fonte perto,
    Esperava o portento apetecido
       Da Ninfa, e descoberto

Me foi apenas, quando (oh! dura empresa!)
Chego, abraço a mais rara gentileza.

22   Quis gritar; oprimida
      A voz entre a garganta,
Apolo? diz, *Apol...* A voz partida
      Lhe nega força tanta:
Mas ah! eu não sei como, de repente
Densa nuvem me põe do bem ausente.

23   Inutilmente ao vento
      Vou estendendo os braços:
Buscar nas sombras o meu bem intento,
      Onde a meus ternos laços...
Onde te escondes, digo, *amada Eulina?*
Quem tanto estrago contra mim fulmina?

24   Mais ia por diante,
      Quando entre a nuvem densa,
Aparecendo o corpo mais brilhante,
      Eu vejo (oh! dor imensa!)
Passar a bela Ninfa, já roubada
Do *Numen*, a quem fora consagrada.

25   Em seus braços a tinha
      O louro Apolo presa;
E já ludíbrio da fadiga minha,
      Por amorosa empresa,
Era despojo da Deidade ingrata
O bem, que de meus olhos me arrebata.

26   Então já da paciência
      As rédeas desatadas,
Toco de meus delírios a inclemência;
      E de todo apagadas

Do acerto as luzes, busco a morte impia[10]
De um agudo punhal na ponta fria.

27   As entranhas rasgando,
       E sobre mim caindo,
Na funesta lembrança soluçando,
       De todo confundindo
Vou a verde campina; e quase exangue,
Entro a banhar as flores de meu sangue.

28   Inda não satisfeito,
       O *Numen* soberano
Quer vingar ultrajado o seu respeito
       Permitindo em meu dano
Que em pequena corrente convertido
Corra por estes campos estendido.

29   E para que a lembrança
       De minha desventura
Triunfe sobre a trágica mudança
       Dos anos, sempre pura,
Do sangue que exalei, ó bela Eulina,
A cor inda conservo peregrina.

30   Porém o ódio triste
       De Apolo mais se acende;
E sobre o mesmo estrago que me assiste,
       Maior ruína emprende:[11]
Que chegando a ser ímpia uma Deidade,
Excede toda a humana crueldade.

31   Por mais desgraça minha,
       Dos tesouros preciosos

---

10 *impia*: mudança da tônica, permitida pela liberdade poética, para rimar com "fria".

11 *emprende*: forma que na época se alterna com *empreende* (nota da edição).

Chegou notícia, que eu roubado tinha
   Aos homens ambiciosos;
E crendo em mim riquezas tão estranhas,
Me estão rasgando as míseras entranhas.

32   Polido o ferro duro
        Na abrasadora chama,
     Sobre os meus ombros bate tão seguro,
        Que nem a dor que clama,
     Nem o estéril desvelo da porfia
     Desengana a ambiciosa tirania.

33   Ah! Mortais! Até quando
        Vos cega o pensamento!
     Que máquinas estais edificando
        Sobre tão louco intento?
     Como nem inda no seu Reino imundo
     Vive seguro o Báratro profundo?

34   Idolatrando a ruína,
        Lá penetrais o centro,
     Que Apolo não banhou, nem viu Lucina;
        E das entranhas dentro
        Da profanada terra
     Buscais o desconcerto, a fúria, a guerra.

35   Que exemplos vos não dita
        Do ambicioso empenho
     De Polidoro a mísera desdita![12]
        Que perigos o lenho,

---

12   *De Polidoro a mísera desdita*: alusão à desgraça do jovem Polidoro, filho de Príamo, morto por Plimnestor, rei da Trácia (ou por Aquiles, segundo Homero). Príamo, rei de Troia, querendo afastar o filho da guerra, enviou-o à Trácia, com parte de suas riquezas. Polimnestor, casado com a irmã de Polidoro, Ilíona, quando soube da morte de Príamo, degolou o jovem e apoderou-se de suas riquezas (nota da edição).

Que entregastes primeiro ao mar salgado,
Que desenganos vos não tem custado!

36   Enfim sem esperança
Que alívios me permita,
Aqui chorando estou minha mudança,
E a enganadora dita,
Para que eu viva sempre descontente,
Na muda fantasia está presente.

37   Um murmurar sonoro
Apenas se me escuta;
Que até das mesmas lágrimas que choro,
A Deidade absoluta
Não consente ao clamor se esforce tanto,
Que mova à compaixão meu terno pranto.

38   Daqui vou descobrindo
A fábrica eminente
De uma grande Cidade,[13] aqui polindo
A desgrenhada frente,
Maior espaço ocupo dilatado,
Por dar mais desafogo a meu cuidado.

39   Competir não pretendo[14]
Contigo, ó cristalino
Tejo, que mansamente vais correndo:
Meu ingrato destino
Me nega a prateada majestade,
Que os muros banha da maior Cidade.[15]

40   As Ninfas generosas,
Que em tuas praias giram,

---

13 *uma grande Cidade*: alusão a Mariana, feita cidade em 1745 (nota da edição).
14 *pretendo*: pertendo, na edição, que é forma corrente à época.
15 *da maior Cidade*: alusão a Lisboa (nota da edição).

Ó plácido Mondego, rigorosas,
  De ouvir-me se retiram,
Que de sangue a corrente turva, e feia
Teme Ericina, Aglaura e Deiopéia.[16]

41 Não se escuta a harmonia
      Da temperada avena[17]
    Nas margens minhas, que a fatal porfia
      Da humana sede ordena
    Se atenda apenas o ruído horrendo
    Do tosco ferro, que me vai rompendo.[18]

42 Porém se Apolo ingrato
      Foi causa deste enleio,
    Que muito, que da Musa o belo trato
      Se ausente de meu seio,
    Se o Deus, que o temperado coro tece,
    Me foge, me castiga e me aborrece!

43 Enfim sou, qual te digo,
      O Ribeirão prezado;
    De meus Engenhos a fortuna sigo:
      Comigo sepultado
    Eu choro o meu despenho; eles sem cura
    Choram também a sua desventura.

(*A poesia dos inconfidentes,* p.120-7)

---

16 *Ericina, Aglaura e Deiopéia*: deusas da poesia.
17 *avena*: antiga flauta pastoril (nota da edição).
18 *Do tosco ferro, que me vai rompendo*: o trabalho de mineração.

ÉCLOGAS

ÉCLOGA II[19]

FILENO

1   Na margem deleitosa
Do cristalino Tejo,
Sentado um Pescador, a pobre rede
Enquanto tem nas praias estendida,
    Ao longe uma harmonia
Nunca ouvida jamais, ao longe escuta
    Um canto tão sonoro,
Que nem Glauco suave, nem o cego
Amante da formosa Galatéia,
De Sicília entoou na branca areia.

2   Corino era que vinha
Da aldeia já voltando, onde o pescado
A vender estivera; ali no povo
Uma notícia achou, a qual em trovas,
    Por um Pastor discreto
Ordenadas ao som da acorde avena,
Trazia para o mar, quando aos ouvidos
Foi mais próximo o som. Eu, que atendia,
Estas doces cadências percebia.

3   *Que alegria, que gosto*
Ao mundo comunica
O nosso Maioral![20] *O grato rosto*
Do júbilo se explica

---

19 Aos anos d'El-Rei (nota da edição).
20 O *nosso Maioral*: refere-se a d. José I, a quem o poema é dedicado; Maioral é o chefe dos Pastores (nota da edição).

Pela voz dos Pastores,
Títiro e Alcimedon, grandes cantores.

4   Os campos neste dia
    Se cobrem de verdura:
Pasta o gado contente a relva fria,
    E na verde espessura
    Novo contentamento
Desterra toda a sombra do tormento.

5   Os Sátiros das covas,
    Deixando o caro abrigo,
Do seu rendido amor vêm a dar provas:
    Eles trazem consigo
    De Ninfas delicadas
Igualmente as mais belas e engraçadas.

6   Em concertados hinos
    Soa toda a floresta:
Pastores mais gentis, mais peregrinos,
    Concorrendo na festa
    Do Maioral, oh! quanto
Agradável se faz seu doce canto!

7   Um louva a providência
    Com que a tudo consulta;
Outro aplaude entre todos a excelência
    Com que o seu gênio avulta,
    Tornando venturosos
Deste campo os Pastores mais ditosos.

8   Já torna ao nosso mundo
    Aquela idade de ouro;
O campo sem cultura já fecundo
    Produz o trigo ouro.
    Tudo está melhorado:
A montanha, a campina, o vale, o prado.

9 *A nós torna a inocência*
  Do século primeiro:
 Torna a Justiça, as Graças, a Clemência,
  Que do tempo grosseiro
  Desterra a maldade.
 Oh! feliz estação! Oh! doce idade!

10 Assim cantava, quando
   Ao chegar o seu barco
   Junto à margem frondosa
  Um pouco se calou; eis entretanto
   Dos versos que lhe ouvia,
  Aplicando uma parte ao tosco alento
  Da flauta piscatória, desta sorte
   A seu modo dispunha,
   Das praias onde estava,
  Fileno, o Pescador que o escutava.

SONETO

1 Assim como o Pastor, também o pobre,
 O rude Pescador lá desde a praia,
 Onde primeiro o Sol nas ondas raia,
 Do seu voto a inocência não encobre.

2 *Se ele cantando alegre se descobre*
 Talvez à sombra da copada faia,
 Igual o nosso canto aqui se ensaia
 Ao sussurro do mar, que a penha cobre.

3 *Pode render ao Rei talvez Corino*
 Desde a rústica choça o branco leite,
 O mel dourado, o pomo peregrino;

4   *Mas espero eu também que ele me aceite*
    A rama de coral, que por tão fino
    A coroa lhe esmalte, o cetro enfeite.

(*A poesia dos inconfidentes*, p.140-2)

ÉCLOGA XIX

VIDA DO CAMPO

1   Ó doce soledade!
    Ó pátria do descanso!
    Da paz e da concórdia
    Grosseira habitação, tosco palácio!

2   Quantos a meus delírios
    Tu ditas desenganos,
    Oráculos fazendo
    Das árvores, dos troncos, dos penhascos!

3   Não fere os meus ouvidos
    O estrondo cansado,
    Que levanta a lisonja,
    Junto aos pórticos d'ouro em régio Paço:

4   A macilenta inveja
    Não derrama o contágio
    Nas inocentes almas,
    Que são de seu furor mísero estrago.

5   Dos olhos se retira
    O objeto sempre ingrato
    Dos que suspiram mudos,
 Em vez do prêmio, as sem-razões do dano.

6   Aqui tem a virtude
    Erguido o seu teatro,
    E nas rústicas cenas
 Aqui mostra a pobreza os aparatos.

7   As mal seguras canas
    Que move o vento brando,
    Da pobre rede tecem
 Ao mísero Pastor o abrigo caro.

8   Colhida a tenra fruta
    Vem de seu próprio ramo
    A adornar a choupana,
 Em vez dos altos capitéis dourados.

9   Ó sítio venturoso!
    Quanto te invejo, quanto!
    Ditoso quem possui
 O suave prazer de teu descanso!

10 Se tu bem alcançaras,
    Pastor, um bem tão raro,
    Não cessara o teu culto
 De consagrar obséquios a teu fado.

11 Infeliz o que envolto
    No tráfego inumano
    Da aborrecida corte
 Só vê da confusão o rosto infausto.

12 Imagina do amigo
    Seguir os doces laços,

    E a torpe aleivosia
  Lhe abre o sepulcro onde buscou o amparo.

13 Se o valimento encontra,
    Teme, com justo espanto,
    Quanto é grande a subida,
  Que o despenho também seja mais alto.

14 Não há fronte segura
    Que enfim dissimulando
    Não veja os seus afetos,
  Como a flor entre os áspides ingratos.

15 Ah! mede, Pastor belo,
    O bem que alcanças: tanto
    Dar-te não pode a corte;
  Só pode a soledade deste campo.

(*A poesia dos inconfidentes,* p.240-2)

ÉCLOGA XX

LIRA

1 Aqui deste salgueiro
  Pendente ficarás, ó lira minha!
    Tu que foste primeiro,
    Enquanto a Amor convinha,
    Alívio de meus males,
  Ferindo os montes, abalando os vales.

2   De todo já deixada,
    Nem sequer nas imagens da memória
        Viverás[21] retratada;
        De tanta antiga glória,
        Se consultada fores,
    As delícias aponta nos horrores.

3   Será língua eloqüente
    A mesma face macilenta: o rosto
        De meu mal inclemente,
        Pela voz do desgosto,
        Com a muda harmonia
    Poderá declarar minha agonia.

4   De Aracne o enredo escuro,
    Em ti as débeis linhas estendendo,
        Cubra teu centro impuro,
        Que, acorde respondendo
        Do verso as consonâncias,
    Tantas vezes ouviu as minhas ânsias.

5   Gênio funesto inspire
    Sempre em teu dano, e por maior tristeza
        De ti não se retire
        A fúnebre aspereza
        Daquele horror maligno,
    Que os passos acompanha a meu destino.

6   Ludíbrio sejas feio
    De todos os Pastores deste monte:
        O meu infausto enleio
        Teu mudo gesto conte
        De um triste e desgraçado
    Tosco instrumento, inútil, desprezado.

---

21 *Viverás*: forma corrente à época; viverás (nota da edição).

7   E se lá quando o dia,
Desmaiando-se o Sol, ao mar se ausenta,
   Lá na tarde sombria,
   Lisarda, que se ostenta
   Destes campos senhora,
Baixa acaso, dando inveja a Flora;

8   Seu vestígio dourado,
Mais belo do que os goivos e açucenas,
   Se inclinar seu cuidado
   A este centro de penas,
   E aqui te achar pendente,
Triste lira, deixada e descontente;

9   Quando chegue curiosa,
Sem horror de te ver, ao tronco duro,
   A Ninfa mais formosa,
   Leia o epitáfio escuro,
   Que em fúnebre letreiro
Guardarás para sempre este salgueiro.

10   Breves vozes a história
Explicarão da minha desventura,
   Quando empenhe a memória
   Desta tão ímpia e dura
   Beleza, em vão amada,
Em vão de meus extremos contrastada:

11   *Aqui vivo* (este lema
Que no fúnebre tronco fique escrito)
   Para que sempre gema
   O tormento infinito
   De perder uma ingrata,
Que perjura, e cruel me ofende, e mata.

(*A poesia dos inconfidentes,* p.242-4)

OBRAS POÉTICAS[22]

QUE

NA ACADEMIA que se juntou na Sala do Ilmo. e Exmo. Sr. D. José Luiz de Menezes, Conde de Valadares, por ocasião de felicitar a posse que havia tomado do Governo da Capitania das Minas Gerais, escreveu e recitou Cláudio Manuel da Costa, Bacharel formado pelo Universidade de Coimbra, no dia 4 de setembro de 1768.[23]

(*A poesia dos inconfidentes*, p.321)

SÃO AS MUSAS, Ilmo. e Exmo. Sr., são as Musas as últimas que chegam à presença de V.Exa. Tarde chegam, mas não sem desculpa. O natural encolhimento que as acompanha lhes deteve os passos até agora. Deverão contudo preceder elas a qualquer outro obséquio; e talvez para os direitos desta glória lhes não falta o conhecimento de que sempre na aceitação dos Grandes tiveram as Musas o lugar primeiro.

Sabem que os mesmos Grandes (ou os distinguisse o Cetro ou o Bastão)[24] se não envergonharam de cultivar a Poesia; e lembrando a Cipião entre os Romanos, entre os Gregos a Arquelau, Rei da Mecedônia, desprezam na ocasião toda a pompa de notícias para repetirem com vaidade neste Congresso os sempre veneráveis nomes do Senhor João Gomes da Silva, Conde de Tarouca, feliz aliado na Casa de V.Exa. e do Sr. D. Carlos de Noronha, seu gloriosíssimo Ascendente. Estes dois Atlantes da Monarquia lusitana, depois de encherem as obrigações de fiéis Políticos e

---

22 De *O Parnaso obsequioso e obras poéticas* (1768).

23 *4 de setembro de 1768*: é de se notar que a posse do novo governador deu-se em 16 de julho de 1768; aqui ocorre a sessão comemorativa do ato (nota da edição).

24 *O Cetro ou o Bastão:* por metonímia, respectivamente, o poder real ou o poder militar (nota da edição).

valerosos[25] Soldados, tomaram por último desempenho de seus talentos deixar-nos um precioso monumento das suas fadigas literárias nas excelentes composições em metro, com que inda mostram que nem o estragado gosto daqueles tempos se atreveu a corromper a delicada, escrupulosa eleição com que escreviam.

Mas para que produzo eu estes dois espíritos que sustentam a glória do Pindo, e fazem as delícias das Musas, se em V.Exa. devo respeitar por todos o primeiro fautor das Letras, e o estimulador primeiro da admirável Arte da Poesia? Digam-no os avultados progressos que fez V.Exa. na cultura das Escolas e fale a preciosa atenção com que presta V.Exa. os seus ouvidos àqueles mal proporcionados rasgos que se dirigem a louvar as suas virtudes, e se recitam, não sem freqüência, na sua presença. Esta é uma prova de que não só nos seus Maiores, mas em V.Exa., vive reproduzido o amor das Musas.

E com razão, Senhor Excelentíssimo, com razão se digna V.Exa. a proteger as Musas: são elas as que se encarregam de imortalizar as ações dos Grandes; elas são as que fazem gloriosas no Templo da Fama os seus Troféus. Pouco importa se derramasse nas Campanhas o sangue pelo amor da Pátria; pouco que pelo estímulo de adquirir uma ilustre Conquista atravessasse um bom General as Serranias mais ásperas, os Rios mais caudalosos, se no mesmo féretro a que se havia de entregar o corpo ficasse sepultada a memória das gloriosas empresas!

Estas lembranças insensivelmente me vão transportando ao inconsiderado empenho de suplicar a V.Exa. queira desculpar ao nosso rendimento a desconcertada harmonia das nossas Musas: elas se vêem arrebatar entre os desejos de louvar um Herói a todas as luzes grande; contemplam a Ilma. pessoa de V.Exa. tão enriquecida de preciosas qualidades, que para qualquer parte que voltem os olhos encontram argumentos para o elogio; a fertilidade da matéria é que subministra atrevimentos ao discurso; se ela fora do seu fundo menos abundante, calar-nos-íamos todos, porque nada nos é mais natural que o conhecimento que temos da nossa inabilidade.

---

25 *valerosos*: valorosos.

Vemos em V.Exa. um espírito cheio de afabilidade, assistido de uma penetração vivíssima: magnífico, liberal, piedoso; vemos as provas com que deu a conhecer o seu ilustre coração, a sua índole, os seus dotes, na assistência que fez ao Real Hospital de Lisboa, na ética com que regulou os seus passos entre as políticas da Corte, na resolução com que se portou na testa dos inimigos, no amor que sempre teve à virtude, no esforço com que fugiu aos vícios e aquela quase prodigiosa estrada por que caminha V.Exa., não havendo dado a conhecer nem ainda nos tenros anos o menor descaminho.

Vemos... ah! Senhor, que ao querer amplificar esta tosca pintura das incomparáveis virtudes de V.Exa., de repente ouço chegar aos meus ouvidos o saudoso suspiro do nosso amante Portugal! Mas oh! e quanto com a alegria das Minas se contrapesam aqueles gemidos? Eu expusera em mais dilatado quadro os vivos sentimentos daquela Corte, os transportes maravilhosos da nossa Capitania; as obrigações do meu ofício me não dispensam tanto; esta empresa a reservou a eleição ou o destino a dois heróicos competidores que me cercam o lado: eles decidirão...

(*A poesia dos inconfidentes*, p.323-4)

SONETOS[26]

*Invoca as Musas do País para cantar o nome
dos Ilmos. Chefes dos Noronhas e Menezes.*

VII

1   Ninfas do pátrio Rio, eu tenho pejo
    Que ingrato me acuseis vós outras, quando
    Virdes que em meu auxílio ando invocando
    As Ninfas do Mondego, ou as do Tejo.

2   Convosco um eco ao mundo dar desejo
    Maior que o bom Camões; ele, cantando
    O valor com que os mares vai cortando,
    Ao Gama lhe ganhou nome sobejo.

3   Mas vós quereis saber qual outra estuda
    Alta empresa o meu Canto? Oh! quantas vezes
    Ela é digna de vós, da vossa ajuda!

4   Dai-me vosso favor; que entre os arneses
    De Marte, eu louvarei com pena aguda
    A glória dos Noronhas, e Menezes.

(*A poesia dos inconfidentes,* p.337-8)

---

26 De *O Parnaso obsequioso e obras poéticas* (1768).

PARA TERMINAR A ACADEMIA[27]

CALARAM-SE AS MUSAS; cessou de todo o harmonioso estrondo das vozes; já é silêncio o que foi melodia; é pasmo, é suspensão tudo o que se dispunha para o Canto. Prosseguíramos sem temor de serem acusados os nossos erros; porque no precioso objeto a quem se consagram estes hinos temos o indulto para desculpa; mas como deveremos abusar por tanto tempo do generoso sofrimento com que ele nos atende!

Uns gênios educados em um tão bárbaro país, em um país acostumado mais a ouvir os rugidos das feras que a harmonia das Musas, como poderiam produzir cadências que fossem dignas de chegar a uns ouvidos que se criaram entre a delicadeza, ao concerto? Era temeridade esperá-lo: mas oh! que este mesmo desalinho, este mesmo desmancho é em que mais nos afiançamos para devermos conceber a idéia de ver algum dia em melhor sorte trocada a rudeza que nos é tão natural.

Sim, Acadêmicos meus; sim, adorados e inestimáveis Sócios. Eu devo desde hoje auspicar[28] as nossas Musas e com felicíssimo asilo: acabou o feio e desgrenhado inverno que fazia o horror destes campos; eles se cobrem já de novas e risonhas flores; as águas que até aqui não convidavam a tocá-las, hoje se nos ofe-

---

27 *ACADEMIA*: a existência de uma Academia em Minas em 1768 está clara neste pronunciamento; sua conformação arcádica é visível nas linhas que se seguem. Entretanto, o que permaneceu obscuro durante anos é ter existido de fato uma Arcádia Ultramarina, com associação formalizada, ligada a Roma, com sessões regulares, envolvendo um número razoável de membros etc. Recentemente Antonio Candido divulgou um documento assinado pelo Custódio da Arcádia Romana, Mireo Rofeático, que dá notícia de uma *Colonia Oltramarina*. Trata-se de um diploma conferido ao poeta brasileiro Joaquim Inácio de Seixas Brandão, de nome pastoril *Driásio Erimanteu*, em 1764. Esta Arcádia Ultramarina, ou Colônia Ultramarina, estaria ligada à Arcádia Romana e teria sido criada por empenho de Basílio da Gama, ou Termindo Sipílio, membro comprovado, como se sabe, da Arcádia Romana (Ver Antonio Candido, *Os poetas da inconfidência*, IX Anuário do Museu da Inconfidência, MEC, Ouro Preto, 1993, p.130-7) (nota da edição).

28 *auspicar*: predizer, prognosticar (nota da edição).

recem muito cristalina e puras; as névoas se desterram, alegra-se o Céu; povoam-se de engraçadas aves os ares; e apenas há ramo nesses troncos, onde se não escute cantar algum implumado vivente. Parece que vai fugindo de todo a rudeza destes montes; e que a benefício de uma alta proteção entram as Musas a tomar posse destes Campos.

Com igual fortuna se levantaram elas, quando compadecido de as ver vagar desconhecidas o espírito generoso da Rainha da Suécia as recolheu e lhes deu abrigo no seu magnífico Palácio. Esta foi a que plantou aquele Louro debaixo de cuja sombra se juntassem em Roma os amadores das Musas: com faustíssimo agouro da sua futura grandeza principiou então a dar passos a renovada Arcádia.[29]

Recebeu ela um peregrino esplendor na proteção com que se dignou a honrá-la nosso Augustíssimo Rei, o Senhor D. João, o Quinto, da saudosa memória. A sua régia mão foi a que regou e fez fecundo aquele Louro, e ouve a Arcádia Romana não sem veneração e agradecimento o nome preciosíssimo de Pastor *Arete*.[30]

Ah! se o nome de Daliso, que veio hoje indultado do misterioso dia que consagramos à Pastora Lucinda, se este nome se colocara na fronte desta Sociedade amabilíssima com o soberano Título de Protetor da Nascente Colônia Ultramarina,[31] quanto

---

29 *Arcádia*: a Arcádia Romana, que deu origem a tantas outras, foi fundada em 1690 por quatorze poetas, sob inspiração da rainha Cristina da Suécia, protetora das artes e das letras. Esta rainha, depois de abdicar do trono, viveu em Roma, cercada de escritores e artistas. Aí morreu em 1689 (nota da edição).

30 *Pastor Arete*: ou Pastor Albano, segundo outros. Caio de Melo Franco cita em seu livro as palavras do dicionário de frei Domingos Vieira: "O nosso estúpido e faustoso rei d. João V lhe ofereceu em Roma um palácio para as suas sessões, e mereceu por isso a nomeação de sócio, com o título de pastor Albano" (*O inconfidente Cláudio Manuel da Costa*, Schmidt, RJ, 1931, p.14) (nota da edição).

31 *Colônia Ultramarina*: o nome dado à Academia que se acaba de instalar, ramo da Arcádia Romana, explica-se pela condição política de sua localização (observe-se que em Portugal, desde 1756, há uma Arcádia Lusitana). Pode-se ver aí, talvez, a par da "oficialidade" do nome, uma atitude de prudente modéstia (nota da edição).

igualaremos na felicidade àqueles Pastores da Romana Arcádia? Talvez ela se não envergonhará então de haver repartido para tão remotos climas o esplendor luminoso da sua República.

Seríamos, Exmo. Sr., seríamos muitas vezes felizes se V.Exa. honrasse com a sua proteção uma Sociedade que se deseja polir, para melhor louvar o soberano nome de V.Exa. Devemos mais a V.Exa. do que à natureza temos devido: ela nos produziu, nos criou e nos conserva entre ásperos e intratáveis rochedos, no meio da barbaridade, no seio da rudeza, do desalinho e da incultura.

Se agora por V.Exa. se vêem amparadas as Musas, converter-se-ão com maravilhosa metamorfose a barbaridade em polícia, a incultura em asseio, e o desalinho em gala.

Tudo devo esperar daquela nobilíssima, afável e nunca assaz louvada índole que em V.Exa. reconhecemos: ela nos dá lugar para desde já auspicarmos a época da nossa nascente Arcádia,[32] no dia felicíssimo do seu natalício. Juntar-se-ão desde a maior distância os Pastores alistados; e entrarão com as suas campanhas e nomes aqueles que se consideram peregrinos.[33] Oh! dia para os nossos júbilos! Oh! época para as nossas felicidades!

Parece que já reclinados sobre a relva se deixam ver os nossos músicos Pastores! As faias mais copadas, os álamos, os pinhos[34] frondosos tecem vegetantes dosséis com que da calma se defendam; vagam sem temor pelos campos os esparzidos rebanhos; as feras os não perseguem, divertidos,[35] entretanto toma Orisênio a frauta para cantar o seu Daliso; Glauceste ũa[36]

---

32 *nascente Arcádia*: observa-se aqui o uso indistinto de Colônia / Arcádia. Cláudio, nas Obras, já se nomeia árcade ultramarino (nota da edição).

33 peregrinos: estrangeiros; esta expressão é recorrente em Cláudio (nota da edição).

34 *faias... álamos... pinhos*: nomes de árvores europeias, típicas da paisagem arcádica convencional; a chegada do conde teria o dom de transformar tudo, inclusive a ambiência exterior, como que transfigurada repentinamente por seu toque civilizatório. O caráter simbólico desta metamorfose não pode ser desconsiderado, se se atentar para o aspecto reivindicatório do discurso (nota da edição).

35 *divertidos*: entretidos; refere-se a rebanhos (nota da edição).

36 *ũa*: uma.

inscrição lhe prepara ao nome; mimosas e sinceras Ninfas tecem coroas de flores para a formosa Lucinda: tudo respira delícia, tudo prazer.

E se pára o Caminhante a contemplar o descanso daqueles gênios, uma Letra[37] lhe responde:

Deus nobis haec otia fecit.[38]

Disse.

(*A poesia dos inconfidentes,* p.340-1)

---

37 *Letra*: inscrição, mensagem (nota da edição).
38 Deus fez para nós estes ócios (tradução da edição).

VILA RICA
(1773)

PRÓLOGO[39]

LEITOR,

Eu te dou a ler uma memória por escrito das virtudes de um Herói que fora digno de melhor engenho para receber um louvor completo. Não é meu intento sustentar que eu tenho produzido ao Mundo um Poema com o caráter de épico; sei que esta felicidade não conseguiram até o presente aqueles homens a quem a Fama celebra laureados na Grécia, na Itália, em Inglaterra, em França e nas Espanhas. Todos se expuseram à censura dos críticos, e todos são argüidos de algum erro ou defeitos; a razão pode ser a que assina um bom Autor: inventaram-se leis aonde as não havia.[40] Mas dou-te, que eu não te ofereça mais que uma composição em metro, para fazer ver o distinto merecimento de um General que tão prudentemente pacificou um Povo rebelde, que segurou a Real Autoridade e que estabeleceu e firmou, entre as diferentes emulações de uns e outros Vassalos desunidos, os interesses que se deviam aos Soberanos Príncipes de Portugal: dirás que é digna de repreensão a minha empresa? Na verdade não espero do teu benigno ânimo esta correspondência: e tudo o que não for injúria ou acusação será para mim uma inestimável remuneração das minhas fadigas.

Se eu fiz alguma diligência por averiguar a verdade, digam-te as muitas Ordens e Leis que vês citadas nas minhas notas, e a extensão de notícias tão individuais com que formei o plano desta obra: pode ser que algum as conteste pelo que tem lido nos

---

39 Este "Prólogo" vem acompanhado de uma "Carta dedicatória" e de um "Fundamento Histórico" onde se reafirmam algumas das constantes do pensamento e da poesia de Cláudio, em especial seu caráter laudatório, o desejo de conferir dignidade estética à sua terra e a preocupação em ancorar sua produção nos fatos históricos. Ver *A poesia dos inconfidentes*, p.356-76.

40 Voltaire, *Essays sur la Poésie Épique*, p.334 e 335 (nota do autor).

escritores da História da América; mas esses não tiveram tanto à mão as concludentes provas de que eu me sirvo; não se familiarizaram tanto com os mesmos que intervieram em algumas das ações e casos acontecidos neste País; e ultimamente não nasceram nele, nem o comunicaram por tantos anos como eu.

E se estas Minas, pelas riquezas que têm derramado por toda a Europa, e pelo muito que socorrem com a fadiga dos seus habitantes ao comércio de todas as nações polidas, eram dignas de alguma lembrança na posteridade, desculpa o amor da Pátria, que me obrigou a tomar este empenho, conhecendo tanto a desigualdade das minhas forças. Estimarei ver elogiada por melhor pena uma terra que constitui hoje a mais importante Capitania dos domínios de Portugal.

(A poesia dos inconfidentes, p.359)

CANTO I

Cantemos, Musa, a fundação primeira[41]
Da Capital das Minas, onde inteira
Se guarda ainda, e vive inda a memória
Que enche de aplauso de Albuquerque a história.

Tu, pátrio Ribeirão, que em outra idade
Deste assunto a meu verso, na igualdade[42]
De um épico transporte, hoje me inspira
Mais digno influxo, porque entoe a Lira,
Por que leve o meu Canto ao clima estranho
O claro Herói,[43] que sigo e que acompanho:
Faze vizinho ao Tejo, enfim, que eu veja
Cheias as Ninfas de amorosa inveja.

E vós, honra da Pátria, glória bela
Da casa e do Solar de Bobadela,
Conde feliz,[44] em cujo ilustre peito
De alta virtude respeitando o efeito,
O Irmão defunto reviver admiro:[45]
Afável permiti que eu tente o giro

---

41 *fundação primeira*: este Poema tem por argumento principal a fundação de Vila Rica ou, antes, a sua criação de pequeno Arraial em Vila, a que passou no dia 8 de julho de 1711, com o nome de Vila Rica de Albuquerque (nota do autor).

42 *Deste assunto a meu verso*: o poeta refere-se a "Fábula de Ribeirão do Carmo", conforme nota do autor.

43 *O claro Herói*: Antônio de Albuquerque Coelho de Carvalho, governador e capitão-general da Capitania de Minas e São Paulo, a partir de 1709, quando se separou da do Rio de Janeiro (nota da edição).

44 *Conde feliz*: José Antônio Freire de Andrada, que herdou do irmão o título de conde de Bobadela, e governou interinamente Minas Gerais de 1752 a 1761, no período do afastamento do irmão, Gomes Freire de Andrada, aqui chamado o *irmão defunto*. Este faleceu em 1763, portanto dez anos antes da conclusão do Vila Rica (nota da edição).

45 *O Irmão defunto*: O Il.mo e Ex.mo Sr. Gomes Freire de Andrada, a quem Sua Majestade fez mercê do título de Conde de Bobadela, voltando das Missões (nota do autor).

Das minhas asas[46] pela glória vossa,
E entre a série de Heróis louvar-vos possa.

Rotos os mares, e o comércio aberto,
Já de América o Gênio descoberto
Tinha ao Rei Lusitano as grandes terras,[47]
Que o Sul rodeia de escabrosas serras.

O título contavam de Cidades
Pernambuco, Bahia; e as crueldades
Dos Índios superadas, já se via
O Rio de Janeiro, que fazia
Escala às Naus: buscando o continente
De Paulo, uma conquista está patente,[48]
Que aos Portugueses com feliz agoiro
Prometia o diamante, a prata, o oiro.

...

(*Vila Rica, I*, p.377-8)

---

46 *asas*: comparar este termo "*asas*" no sentido de "inspiração", "voo poético", com a expressão "*novas asas*" de *O Uraguai* (I, p.15) de Basílio da Gama.

47 *as grandes terras*: o Brasil, que foi descoberto por Pedro Álvares Cabral em 1501, é repartido em quatorze Capitanias, das quais a última é São Vicente, que compreendeu por muito tempo o governo das Minas Gerais (nota do autor).

48 *De Paulo*: no ano de 1554, em 25 de janeiro, dia dedicado à conversão de São Paulo, celebrou-se a primeira missa naquela Vila, e no de 1711 lhe deu título de Cidade o Senhor D. João V. O Padre Vasconcelos na sua *Crônica do Brasil* (nota do autor).

CANTO II

...

Se o ver-me neste estado é maravilha,
Ó Garcia, lhe diz, humilde e nua,
Eu sou Neágua, eu sou a escrava tua.
Muitas luas, me lembro, têm passado,
Desde quando dos vossos atacado
Foi meu esposo Caribó: seguidos
Vínheis de muitos arcos, socorridos
Do Coroá, do Paraci valente:
Assaltastes de noite a nossa gente,
E mortos os mais destros na peleja,
Fosse rigor do Céu, ou fosse inveja
Da Fortuna, eu, que a Aldeia governava,
Passei com minha filha a ser escrava.

...

Mas por que quereis vós da minha boca
Ouvir todo o sucesso? Só me toca
Referir uma parte, que outra ignoro.
Lá na domada Aldeia, onde sonoro
Se vê correr o Paraíba, postas
Fomos por vosso mando: ali dispostas
A viver de outras leis, outros costumes
Detestávamos já dos nossos Numes
(Se alguns Deuses talvez nós conhecemos
Na bruta liberdade em que vivemos),
O culto, a religião; já divertidas
No curvo anzol, nas redes bem tecidas
Armávamos ao peixe; sobre o rio
Nos viu um dia o bárbaro Gentio.
Que em pequenas canoas rouba e mata;
Fugíramos talvez, mas o pirata
Nos surpreende e conduz: vimos cativas
A viver entre os seus, e apenas vivas

*De povo em povo nos transportam: fico
Co'a nação do Pori, e passa o rico
Tesouro de uma filha, que inda choro,
Ao crespo Monaxós; qual fosse, ignoro,
O triste resto do fatal destino.*[49]

...

*Se combatidos por diversos modos,
Diz Albuquerque, de trabalhos tantos,
Entre estas penhas só despertam prantos
A memória da morte de Rodrigo,
Deixemos este assento; o sonho antigo
Tenho de descobrir-vos, com que a idéia
Igualmente me aflige e me recreia.*

*Lembrados estareis que há mais de um ano
Vos fiz saber que o nosso Soberano,
Que dos quatro Joões o nome e glória
Herdou para triunfo da memória,
Vendo ao Norte da terra povoada,
Que atrás deixamos na primeira entrada,
Que fazem vossos Pais, achar-se o ouro
À custa me ordenou do seu Tesouro,
Que entrasse ao centro dos Sertões, buscasse
As novas minas, e que examinasse
As margens, onde em vão tomavam porto
Fernando, Artur e Dom Rodrigo, o morto.*

---

49 Toda esta ficção não serve mais que de ornamento, e tudo o que se deduz da história é insignificante. Recolhendo-se Antônio Rodrigues Arzão no ano de 1695 à Capitania do Espírito Santo com mais cinquenta e tantos companheiros da sua conduta, derrotados e destruídos todos dos repetidos ataques do Gentio, apresentou ao Capitão-Mor daquela Vila três oitavas de ouro, de que se fizeram duas memórias, uma que ficou ao Capitão-Mor, e outra que levou o dito Arzão. Este é o primeiro ouro das Minas, que há notícia haver-se denunciado a El-Rei no ano de 1695 (nota do autor).

Cheio deste projeto eu vejo um dia
Que um rochedo fatal, a quem a fria
Neve branqueja a descalvada testa,
Com medonha carranca me protesta
Não passe a descobrir o seu segredo;
Avizinho-me a ele e rompo o medo:
Quem és, pergunto, que ignorado encanto
Se esconde em ti? Ele me torna entanto:

"Eu sou dos filhos que abortara a Terra,
E fiz com meus Irmãos aos Deuses guerra
(Tu, negro Adamastor, hoje em memória[50]
Me obrigas a trazer a tua história).
Meu caso um dia o Fado te destina
Que escutes inda pela voz de Eulina,
No centro vivo dos Sertões, que apenas
Tocam das aves as ligeiras penas;
De feios monstros grande cópia habita
Meu triste seio; ali se deposita
Tudo quanto de grande, novo e raro
O Cetro Lusitano fará claro.
Ali... mas tudo aos olhos patenteio."
Disse, e deixando ver o escuro seio,
De uma pequena lágrima, que a penha[51]
Derrama das entranhas, se despenha
Gota a gota um ribeiro; logo a raia

---

50 *Tu, negro Adamastor*: alusão ao Cabo da Boa Esperança, Camões, Canto V, est. 51:
    Fui dos filhos aspérrimos da Terra,
    Qual Encelado, Egeu ou Centimano:
    Chamei-me Adamastor e fui na guerra
    Contra o que vibra os raios de Vulcano (nota do autor).

51 *De uma pequena lágrima*: com vaidade sua confessa o autor haver-se servido para a descrição do Ribeirão do Carmo do sonho do Senhor Rei D. Manuel, que refere Camões no Canto IV de *Os lusíadas*, est. 68:
    Estando já deitado no áureo leito,
    Onde imaginações mais certas são.

De ambas margens excede e já se espraia,
Separado do berço na campina.
Um murmúrio sonoro só de Eulina
Repete o nome; a maravilha estranha
Inda mais se adianta; ao longe apanha
Uma Ninfa na areia as porções de ouro,
Com que esmalta o cabelo e o torna louro.

(*Vila Rica*, II, p.383-6)

CANTO V

...

Encheu-se de tristeza, e o Gênio ativo,
Que atende a protegê-lo, logo um vivo
Esforço comunica ao nobre peito;
Antes que em fumo ou ar voe desfeito
De tanta idéia o quadro portentoso,
Quer declarar em tudo o misterioso
Teatro das imagens: vós agora
Influí-me uma voz alta e sonora,
Ninfas do pátrio Rio, com que eu possa
Cantar na glória minha a glória vossa.

(*Vila Rica*, V, p.407)

E na est. 69:
    Viu de antigos, longínquos e altos montes
    Nascerem duas claras e altas fontes (nota do autor).

CANTO VI

Na diáfana máquina presente
(Diz Filoponte) *todo o continente*
Vês, Albuquerque, das buscadas Minas.
São estas, são as regiões benignas,
Onde nutre a perpétua primavera
As verdes folhas, que abrasar pudera
Em outros climas o chuvoso inverno.
Dos mesmos Deuses o poder eterno
Não se atrevera a combater os montes
E as serras, que em distintos horizontes
Murando vão pelos remotos lados
Mares e lagos, com que ao Sul marcados
Seus limites estão: a forma, o nome
Variam serras e rio, e sem que tome
Firmeza alguma o prolongado vulto,
Sempre o princípio te há de ser oculto,
Quando chegues ao fim do rio ou serra.
Levados do fervor que o peito encerra
Vês os Paulistas, animosa gente,
Que ao Rei procuram do metal luzente
Co'as próprias mãos enriquecer o Erário.
Arzão é este, é este o temerário,
Que da Casca os sertões tentou primeiro.
Vê qual despreza o nobre aventureiro
Os laços e as traições, que lhe prepara
Do cruento Gentio a fome avara.

A exemplo de um contempla iguais a todos,
E distintos ao Rei por vários modos
Vê os Pires, Camargos e Pedrosos,
Alvarengas, Godóis, Cabrais, Cardosos,
Lemos, Toledos, Paes, Guerras, Furtados,
E os outros, que primeiro assinalados
Se fizeram no arrojo das conquistas,

Ó grandes sempre, ó imortais Paulistas!
Embora vós, Ninfas do Tejo, embora
Cante do Lusitano a voz sonora[52]
Os claros feitos do seu grande Gama,
Dos meus Paulistas louvarei a fama.
Eles a fome e sede vão sofrendo,
Rotos e nus os corpos vêm trazendo;
Na enfermidade a cura lhes falece,
E a miséria por tudo se conhece.
Em seu zelo outro espírito não obra
Mais que o amor do seu Rei: isto lhes sobra.
Abertas as montanhas, rota a Serra,
Vê converter-se em ouro a pátria terra;
O Etíope co'os Índios misturado
Eis obedece ao próvido mandado
Dos bons Conquistadores: desde o fundo,
De ouro e diamantes o país fecundo
Produz as grandes, avultadas somas.
Tu por empresa, nobre engenho, tomas
Fabricar inda o esférico instrumento,[53]
Que o trabalho fará menos violento.

...

(*Vila Rica*, VI, p.407-8)

---

52 Cante do Lusitano a voz sonora: desfazendo o hipérbato, a voz *sonora do Lusitano cante*. Há aqui uma confessada aproximação com Camões, um dos modelos clássicos, significativamente presente na obra de Cláudio (nota da edição).

53 Na era de 1711 se viu praticado o invento da roda por um clérigo, vulgarmente chamado o *Bonina Suave*. Todo este Canto se deve entender pelo que fica escrito no Fundamento Histórico, e pelas notas, de que se ilustra o Canto V (nota do autor).

CANTO VIII

...

Assim falava a torpe Hipocrisia,
O Engano co'a Traição já se lhe unia;
Aprovava o Interesse a idéia insana,
A Rebeldia se gloriava ufana;
E por todos o alento suscitado,
Se alegram, crendo já executado
Tudo quanto entre as Fúrias se medita.

(*Vila Rica*, VIII, p.422-3)

CANTO IX

Matéria é de coturno, e não de soco,[54]
O que a Ninfa catava; eu já te invoco,
Gênio do pátrio Rio; nem a lira
Tenho tão branda já, como se ouvira
Quando a Nise cantei, quando os amores
Cantei de belas Ninfas e Pastores.
Têm os anos corrido,[55] além passando
Do oitavo lustro; as forças vai quebrando
A pálida doença; e o humor nocivo
Pouco a pouco destrói o suco ativo,
Que da vista nutria a luz amada:
Tampouco vi a testa coroada
De capelas de louro, nem de tanto

---

54 *Matéria é de coturno, e não de soco*: assunto é de tragédia e não de comédia (nota da edição).
55 *Têm os anos corrido*: Antonio Candido traz "Vão os anos correndo" (1964, v.I, p.111).

Preço tem sido o lisonjeiro canto,
Que os mesmos que cantei me não tornassem
Duro prêmio; se a mim me não sobrassem
Estímulos de honrar o pátrio berço,[56]
Deixara de espalhar pelo Universo
Algum nome, deixara... mas Eulina
Me chama já: soava a voz divina,
E aos bustos discorrendo, assim cantava:
Aquele (e no primeiro se firmava),
Aquele que na frente traz gravado
O caráter de um ânimo empregado
Em contínuas fadigas, que inda sua
Por entre a espessa brenha e serra nua,
Vencendo ásperos riscos e as correntes
Dos rios não cortadas de outras gentes
Mais que do hirsuto e bárbaro Gentio,
É Rodrigo, que junto àquele rio
Que acabas de pisar a vida entrega
Às mãos de uma ousadia infame e cega.
Em vão tentou ao Rei dar novo aumento
Das Minas no feliz descobrimento,
Que atalhando seus passos duro fado
Aqui lhe tinha a urna preparado;
Em vez de roxos lírios e açucenas,
Bárbaras flores[57] *lhe derrama apenas*
Piedosa mão, se acaso Monstro enorme
Seu túmulo não pisa, e nela dorme.

...

(*Vila Rica*, p.429-30)

---

56 Algumas circunstâncias da sua fortuna obrigaram o autor a servir-se neste lugar dos versos de Camões em *Os lusíadas*, canto VIII, est. 81:
    E ainda, Musas minhas, não bastava. (nota do autor).

57 *bárbaras flores*: essa expressão forma, com a do verso anterior, "roxos lírios e açucenas", o contraponto metafórico "rústico - civilizado", ou "inculto - culto". A mesma relação se estabelece entre "sombrias murtas/bárbaras flores" em *O Uraguai*, de Basílio da Gama (V, 145-8).

CANTO X

...

Enfim serás cantada, Vila Rica,
Teu nome impresso nas memórias fica;
Terás a glória de ter dado o berço
A quem te faz girar pelo Universo.

(*Vila Rica*, p.446)

José Basílio da Gama
(1740-1795)

O URAGUAI
(1769)

I

1　Fumam ainda nas desertas praias
　　Lagos de sangue tépidos, e impuros,
　　Em que ondeiam cadáveres despidos,
　　Pasto de corvos. Dura inda nos vales
5　O rouco som da irada artilharia.
　　Musa, honremos o Herói, que o povo rude
　　Subjugou do Uraguay, e no seu sangue
　　Dos decretos reais lavou a afronta.
　　Ai tanto custas, ambição de império!
10　E Vós, por quem o Maranhão pendura
　　Rotas cadeias, e grilhões pesados,
　　Herói, e Irmão de Heróis, saudosa, e triste,
　　Se ao longe a vossa América vos lembra,
　　Protegei os meus versos. Possa em tanto
15　Acostumar ao vôo as novas asas,

> Em que um dia vos leve. Desta sorte
> Medrosa deixa o ninho a vez primeira
> Águia, que depois foge à humilde terra,
> E vai ver de mais perto no ar vazio
> 20 O espaço azul, onde não chega o raio.
> (...)
>
> (*O Uraguai*, I, p.1-3)

> (...)
> Ninfas do mar, que vistes, se é que vistes,
> 110 O rosto esmorecido, e os frios braços,
> Sobre os olhos soltai as verdes tranças.
> Triste objeto de mágoa, e de saudade,
> Como em meu coração, vive em meus versos.
> (...)
>
> (*O Uraguai*, I, p.9)

> (...)
> 140 Ao som da ebúrnea cítara sonora
> Arrebatado de furor divino
> Do seu Herói Matusio celebrava[1]
> Altas empresas dignas de memória.
> Honras futuras lhe promete, e canta
> 145 Os seus brasões, e sobre o forte escudo
> Já de então lhe afigura, e lhe descreve
> As pérolas, e o título de Grande.
> Levantadas as mesas, entretinham
> O congresso de Heróis discursos vários,
> (...)
>
> (*O Uraguai*, I, p.9-11)

---

1 *Matusio* canta o passado heroico de Gomes Freire na festa que este oferece ao general espanhol Cataneo.

IV

(...)

Na abóbada o artífice famoso
Pintara... mas que intento! as roucas vozes
Seguir não podem do pincel os rasgos.
Gênio da inculta América, que inspiras
285 A meu peito o furor, que me transporta,
Tu me levanta nas seguras asas.
Serás em paga ouvido no meu canto.
E te prometo, que pendente um dia
Adorne a minha lira os teus altares.

(*O Uraguai*, IV, p.86-7)

V

...

140 Serás lido Uraguay. Cubra os meus olhos
Embora um dia a escura noite eterna.
Tu vive, e goza a luz serena, e pura.
Vai aos bosques de Arcádia: e não receies
Chegar desconhecido àquela areia.
145 Ali de fresco entre as sombrias murtas
Urna triste a Mireo não todo encerra.
Leva de estranho Céu, sobre ela espalha
Co'a peregrina mão bárbaras flores.
E busca o sucessor, que te encaminhe
150 Ao teu lugar, que há muito que te espera.

(*O Uraguai*, V, p.101-2)

Tomás Antônio Gonzaga
(1744-1810)

MARÍLIA DE DIRCEU
(1792)

I, 1

1 Eu, Marília, não sou algum vaqueiro,
que viva de guardar alheio gado;
de tosco trato, de expressões grosseiro,
dos frios gelos e dos sóis queimado.
Tenho próprio casal e nele assisto;
dá-me vinho, legume, fruta, azeite;
das brancas ovelhinhas tiro o leite,
e mais as finas lãs, de que me visto.
  Graças, Marília bela,
  graças à minha estrela!

2 Eu vi o meu semblante numa fonte:
dos anos inda não está cortado;
os pastores, que habitam este monte,

respeitam o poder do meu cajado.
Com tal destreza toco a sanfoninha,
que inveja até me tem o próprio Alceste:
ao som dela concerto a voz celeste
nem canto letra, que não seja minha.
   Graças, Marília bela,
   graças à minha estrela!

(...)

(*Marília de Dirceu e mais poesias*, p.1-2)

I, 2

1   Pintam, Marília, os poetas
a um menino vendado,
com uma aljava de setas,
arco empunhado na mão;
ligeiras asas nos ombros,
o tenro corpo despido,
e de Amor ou de Cupido
são os nomes, que lhe dão.

2   Porém eu, Marília, nego,
que assim seja Amor, pois ele
nem é moço nem é cego,
nem setas nem asas tem.
Ora pois, eu vou formar-lhe
um retrato mais perfeito,
que ele já feriu meu peito;
por isso o conheço bem.

3   Os seus compridos cabelos,
que sobre as costas ondeiam,
são que os de Apolo mais belos;
mas de loura cor não são.

Têm a cor da negra noite;
e com o branco do rosto
fazem, Marília, um composto
da mais formosa união.

4   Tem redonda e lisa testa,
arqueadas sobrancelhas,
a voz meiga, a vista honesta,
e seus olhos são uns sóis.
Aqui vence Amor ao Céu:
que no dia luminoso
o Céu tem um sol formoso,
e o travesso Amor tem dois.

5   Na sua face mimosa,
Marília, estão misturadas
purpúreas folhas de rosa,
brancas folhas de jasmim.
Dos rubins[1] mais preciosos
os seus beiços são formados;
os seus dentes delicados
são pedaços de marfim.

6   Mal vi seu rosto perfeito,
dei logo um suspiro, e ele
conheceu haver-me feito
estrago no coração.
Punha em mim os olhos, quando
entendia eu não olhava;
vendo que o via, baixava
a modesta vista ao chão.

7   Chamei-lhe um dia formoso;
ele, ouvindo os seus louvores,

---

1   *rubins*: rubis.

com um modo desdenhoso
se sorriu e não falou.
Pintei-lhe outra vez o estado,
em que estava esta alma posta;
não me deu também resposta,
constrangeu-se e suspirou.

8   Conheço os sinais; e logo,
animado da esperança,
busco dar um desafogo
ao cansado coração.
Pego em seus dedos nevados,
e querendo dar-lhe um beijo,
cobriu-se todo de pejo
e fugiu-me com a mão.

9   Tu, Marília, agora vendo
de Amor o lindo retrato,
contigo estarás dizendo
que é este o retrato teu.
Sim, Marília, a cópia é tua,
que Cupido é deus suposto:
se há Cupido, é só teu rosto,
que ele foi quem me venceu.

(*Marília de Dirceu e mais poesias*, p.4-6)

I, 7

1   Vou retratar a Marília,
a Marília, meus amores;
porém como? se eu não vejo
quem me empreste as finas cores:
dar-mas a terra não pode;
não, que a sua cor mimosa
vence o lírio, vence a rosa,
o jasmim e as outras flores.

> Ah! socorre, Amor, socorre
> ao mais grato empenho meu!
> Voa sobre os astros, voa,
> traze-me as tintas do céu.

2 Mas não se esmoreça logo;
busquemos um pouco mais;
nos mares talvez se encontrem
cores, que sejam iguais.
Porém não, que em paralelo
da minha ninfa adorada
pérolas não valem nada,
não valem nada os corais.
> Ah! socorre, Amor, socorre
> ao mais grato empenho meu!
> Voa sobre os astros, voa,
> traze-me as tintas do céu.

3 Só no céu achar-se podem
tais belezas como aquelas
que Marília tem nos olhos,
e que tem nas faces belas;
mas às faces graciosas,
aos negros olhos, que matam,
não imitam, não retratam
nem auroras nem estrelas.
> Ah! socorre, Amor, socorre
> ao mais grato empenho meu!
> Voa sobre os astros, voa,
> traze-me as tintas do céu.

4 Entremos, Amor, entremos,
entremos na mesma esfera;
venha Palas, venha Juno,
venha a deusa de Citera.
Porém não, que se Marília
no certame antigo entrasse,

bem que a Páris não peitasse,
a todas as três vencera.
Vai-te, Amor, em vão socorres
ao mais grato empenho meu:
para formar-lhe o retrato
não bastam tintas do céu.

(*Marília de Dirceu e mais poesias*, p.17-8)

I, 11

1 Não toques, minha Musa, não, não toques
   Na sonora lira.
que às almas, como a minha, namoradas,
   doces canções inspira;
assopra no clarim, que apenas soa,
   enche de assombro a terra,
naquele, a cujo som cantou Homero,
   cantou Virgílio a guerra.
      Busquemos, ó Musa,
      empresa maior;[2]
      deixemos as ternas
      fadigas de amor.

2 Eu já não vejo as graças, de que forma
   Cupido o teu tesouro,
vivos olhos e faces cor de neve,
   com crespos fios de ouro:[3]
meus olhos só vêem gramas e loureiros;
   vêem carvalhos e palmas;

---

2 *empresa maior*: no antigo sistema dos gêneros, o épico, por sua função eminentemente social e educativa, era considerado hierarquicamente superior à lírica. Veja-se em Camões: "Cesse tudo o que a Musa antiga canta,/ Que outro valor mais alto se alevanta" (*Os lusíadas*, I, III, 7-8).

3 Cupido é descrito como os conhecidos anjinhos barrocos.

> vêem os ramos honrosos, que distinguem
> as vencedoras almas.[4]
>> Busquemos, ó Musa,
>> empresa maior;
>> deixemos as ternas
>> fadigas de amor.
>
> 3 Cantemos o herói,[5] que já no berço
> as serpes despedaça;
> que fere os Cacos, que destronca as Hidras,
> mais os leões, que abraça.
> Cantemos, se isto é pouco, a dura guerra
> dos Titãs e Tifeus,
> que arrancam as montanhas e atrevidos
> levam armas aos céus.
>> Busquemos, ó Musa,
>> empresa maior;
>> deixemos as ternas
>> fadigas de amor.
>
> 4 Anima pois, ó Musa, o instrumento,
> que a voz também levanto;
> porém tu deste muito acima o ponto,
> Dirceu não pode tanto.
> Abaixa, minha Musa, o tom que ergueste,
> eu já, eu já te sigo.
> Mas, há! vou a dizer *herói* e *guerra*,
> e só *Marília* digo.[6]

---

4   *vencedoras almas*: essa imagem mimetiza a cerimônia de coroação dos heróis dos jogos olímpicos.

5   *herói*: alusão a Hércules e aos seus trabalhos; ainda no berço, matou duas sepentes, que Juno, sua perseguidora, enviara contra o menino; depois matou o ladrão Caco, que lhe roubara os bois; destroçou a Hidra de Lerna e matou um leão enorme na floresta de Neméia (nota da edição).

6   *só* Marília *digo*: o poeta encena a impossibilidade de cantar epicamente, dominado que está por seu amor a Marília. Mostra, assim, não apenas a grandeza de seu sentimento, mas a própria natureza obsessiva do amor, de acordo, aliás, com a tradição.

> Busquemos, ó Musa,
> empresa maior;
> deixemos as ternas
> fadigas de amor.
>
> 5   Feres as cordas d'ouro? Ah! sim, agora
> meu canto já se afina,
> e a humana voz parece que ao som delas
> se faz também divina.
> O mesmo, que cercou de muro a Tebas,[7]
> não canta assim tão terno;
> nem pode competir comigo aquele,
> que desceu ao negro inferno.[8]
> Busquemos, ó Musa,
> empresa maior;
> deixemos as ternas
> fadigas de amor.
>
> 6   Mal repito *Marília*, as doces aves
> mostram sinais de espanto;
> erguem os colos, voltam as cabeças,
> param o ledo canto;
> move-se o tronco, o vento se suspende,
> pasma o gado e não come.
> Quanto podem meus versos! Quanto pode
> só de Marília o nome!
> Busquemos, ó Musa,
> empresa maior;
> deixemos as ternas
> fadigas de amor.
>
> (*Marília de Dirceu e mais poesias,* p.26-8)

---

7   *O mesmo*: Anfião, célebre músico, edificou os muros de Tebas – diz a lenda – ao som da lira. As pedras, obedecendo à música divina, iam colocar-se nos seus lugares (nota da edição).

8   *inferno*: conta a lenda que Orfeu desceu aos infernos em busca de sua amada Eurídice.

I, 31

1   Minha Marília,
    se tens beleza,
    da Natureza
    é um favor.
    Mas se aos vindouros
    teu nome passa,
    é só por graça
    do deus de amor,
    que, terno, inflama
    a mente, o peito
    do teu pastor.

2   Em vão se viram
    perlas mimosas,
    jasmins e rosas
    no rosto teu.
    Em vão terias
    essas estrelas
    e as tranças belas,
    que o céu te deu,
    se em doce verso
    não as cantasse
    o bom Dirceu.

3   O voraz tempo
    ligeiro corre;
    com ele morre
    a perfeição.
    Essa, que o Egito
    sábia modera,
    de Marco impera
    no coração;
    mas já Otávio
    não sente a força
    do seu grilhão.

4   Ah! vem, ó bela,
    e o teu querido,
    ao deus Cupido
    louvores dar!
    pois faz que todos
    com igual sorte
    do tempo e morte
    possam zombar:
    tu por formosa,
    e ele, Marília,
    por te cantar.⁹

5   Mas ai! Marília,
    que de um amante,
    por mais que cante,
    glória não vem!
    Amor se pinta
    menino e cego;
    no doce emprego
    do caro bem
    não vê defeitos,
    e aumenta quantas
    belezas tem.

6   Nenhum dos vates,
    em teu conceito,
    nutriu no peito
    néscia paixão?
    Todas aquelas,
    que vês cantadas,
    foram dotadas
    de perfeição?
    Foram queridas;

---

9   *cantar*: os antigos acreditavam que a arte tinha o poder de eternizar tudo, crença expressa pelo aforismo de Hipócrates, traduzido pelos latinos: "*Ars longa, vita brevis*".

porém formosas
talvez que não.[10]

7 Porém que importa
não valha nada
seres cantada
do teu Dirceu?
Tu tens, Marília,
cantor celeste;
o meu Glauceste
a voz ergueu:
irá teu nome
aos fins da Terra,[11]
e ao mesmo Céu.

8 Quando nas asas
do leve vento
ao firmamento
teu nome for,
mostrando Jove
graça extremosa,
mudando a esposa
de inveja a cor;
de todos há-de,
voltando o rosto,
sorrir-se Amor.

9 Ah! não se manche
teu brando peito
do vil defeito

---

10 Gonzaga, num torneio hiperbólico, coloca sua Marília acima de todas as amadas dos poetas anteriores.

11 *aos fins da Terra*: a poesia difunde a fama do objeto cantado. Ver Camões: "– Cantando espalharei por toda parte,/ Se a tanto me ajudar engenho e arte" (*Os lusíadas*, I, II, 7-8).

da ingratidão:[12]
os versos beija,
gentil pastora,
a pena adora,
respeita a mão,
a mão discreta,
que te segura
a duração.

(*Marília de Dirceu e mais poesias*, p.70-3)

---

12 *ingratidão*: a gratidão era uma das virtudes mais importantes do sistema ético tradicional.

Inácio José de Alvarenga Peixoto
(1744-1793)

CANTO GENETLÍACO[1]
(1782)

1   Bárbaros filhos destas brenhas duras,
    nunca mais recordeis os males vossos;
    revolvam-se no horror das sepulturas
    dos primeiros avós os frios ossos:
    que os heróis das mais altas cataduras
    principiam a ser patrícios nossos:
    e o vosso sangue, que esta terra ensopa,
    já produz frutos do melhor da Europa.

2   Bem que venha a semente à terra estranha,
    quando produz, com igual força gera;

---

[1] "Oitavas feitas em obséquio do nascimento do Ilustríssimo Senhor D. José Tomás de Meneses, filho do Ilustríssimo e Excelentíssimo Senhor D. Rodrigo José de Menezes, governando a Capitania de Minas Gerais" (nota da edição).

nem do forte leão, fora de Espanha,
a fereza nos filhos degenera;
o que o estio numas terras ganha,
em outras vence a fresca primavera;
e a raça dos heróis da mesma sorte
produz no sul o que produz no norte.

3   Rômulo porventura foi Romano?
E Roma a quem deveu tanta grandeza?
Não era o grande Henrique lusitano:
quem deu princípio à glória portuguesa?
Que importa que José Americano
traga a honra, a virtude e a fortaleza
de altos e antigos troncos portugueses,
se é patrício este ramo dos Meneses?

4   Quando algum dia permitir o Fado
que ele o mando real moderar venha,
e que o bastão do pai, com glória herdado,
do pulso invicto pendurado tenha,
qual esperais que seja o seu agrado?
Vós exp'rimentareis como se empenha
em louvar estas serras e estes ares
e venerar, gostoso, os pátrios lares.

5   Isto, que Europa barbaria chama,
do seio das delícias, tão diverso,
quão diferente é para quem ama
os ternos laços de seu pátrio berço!
O pastor loiro, que o meu peito inflama,
dará novos alentos ao meu verso,
para mostrar do nosso herói na boca
como em grandezas tanto horror se troca.

6   "Aquelas serras na aparência feias,
– dirá José – oh quanto são formosas!
Elas conservam nas ocultas veias

a força das potências majestosas;
têm as ricas entranhas todas cheias
de prata, oiro e pedras preciosas;
aquelas brutas e escalvadas serras
fazem as pazes, dão calor às guerras.

7   "Aqueles matos negros e fechados,
que ocupam quase a região dos ares,
são os que, em edifícios respeitados,
repartem raios pelos crespos mares.
Os coríntios palácios levantados,
dóricos templos, jônicos altares,
são obras feitas desses lenhos duros,
filhos desses sertões feios e escuros.

8   "A c'roa de oiro, que na testa brilha,
e o cetro, que empunha na mão justa
do augusto José a heróica filha,
nossa rainha soberana augusta;
e Lisboa, da Europa maravilha,
cuja riqueza todo o mundo assusta,
estas terras a fazem respeitada,
bárbara terra, mas abençoada.

9   "Estes homens de vários acidentes,
pardos e pretos, tintos e tostados,
são os escravos duros e valentes,
aos penosos trabalhos costumados:
Eles mudam aos rios as correntes,
rasgam as serras, tendo sempre armados
da pesada alavanca e duro malho
os fortes braços feitos ao trabalho.

10   "Porventura, senhores, pôde tanto
o grande herói, que a antigüidade aclama,
porque aterrou a fera de Erimanto,
venceu a Hidra com o ferro e chama?

Ou esse a quem da tuba grega o canto
fez digno de imortal e eterna fama?
Ou inda o macedônico guerreiro,
que soube subjugar o mundo inteiro?

11   "Eu só pondero que essa força armada,
debaixo de acertados movimentos,
foi sempre uma com outra disputada
com fins correspondentes aos intentos.
Isto que tem co'a força disparada
contra todo o poder dos elementos,
que bate a forma da terrestre esfera,
apesar duma vida a mais austera?

12   "Se o justo e útil pode tão somente
ser o acertado fim das ações nossas,
quais se empregam, dizei, mais dignamente
as forças destes ou as forças vossas?
Mandam a destruir a humana gente
terríveis legiões, armadas grossas;
procurar o metal, que acode a tudo,
é destes homens o cansado estudo.

13   "São dignos de atenção..." Ia dizendo
a tempo que chegava o velho honrado,
que o povo reverente vem benzendo
do grande Pedro co poder sagrado;
e já o nosso herói nos braços tendo,
o breve instante em que ficou calado,
de amor em ternas lágrimas desfeito,
estas vozes tirou do amante peito:

14   "Filho, que assim te chamo, filho amado,
bem que um tronco real teu berço enlaça,
porque foste por mim regenerado
nas puras fontes da primeira graça;
deves o nascimento ao pai honrado,

mas eu de Cristo te alistei na praça;
e estas mãos, por favor de um Deus eterno,
te restauraram do poder do Inferno.

15   "Amado filho meu, torna a meus braços,
permita o Céu que a governar prossigas,
seguindo sempre de teu pai os passos,
honrando as suas paternais fadigas.
Não receies que encontres embaraços
aonde quer que o teu destino sigas,
que ele pisou por todas estas terras
matos, rios, sertões, morros e serras.

16   "Valeroso, incansável, diligente
no serviço real, promoveu tudo
já nos países do Puri valente,
já nos bosques do bruto Boticudo;
sentiram todos sua mão prudente
sempre debaixo de acertado estudo;
e quantos viram seu sereno rosto
lhe obedeceram por amor, por gosto.

17   "Assim confio o teu destino seja,
servindo a pátria e aumentando o Estado,
zelando a honra da Romana Igreja,
exemplo ilustre de teus pais herdado;
permita o Céu que felizmente veja
quanto espero de ti desempenhado.
Assim, contente, acabarei meus dias;
tu honrarás as minhas cinzas frias."

18   Acabou de falar o honrado velho,
com lágrimas as vozes misturando.
Ouviu o nosso herói o seu conselho,
novos projetos sobre os seus formando:
propagar as doutrinas do Evangelho,
ir os patrícios seus civilizando;

aumentar os tesouros da Reinante
são seus desvelos² desde aquele instante.

19   Feliz governo, queira o Céu sagrado
que eu chegue a ver esse ditoso dia,
em que nos torne o século doirado
dos tempos de Rodrigo e da Maria;
século que será sempre lembrado
nos instantes de gosto e de alegria,
até os tempos, que o Destino encerra,
de governar José a pátria terra.

(Lapa, *Vida e Obra de Alvarenga Peixoto*, p.33-8)

---

2 *disvelos*, na edição consultada.

Manuel Ignácio da Silva Alvarenga
(1749-1814)

OBRAS POÉTICAS
(1864)

AO VICE-REI
LUIZ DE VASCONCELLOS E SOUZA
NO DIA DE SEUS ANOS

(QUINTILHA)

1   Musa, não sabes louvar,
E por isso neste dia,
Entre as vozes d'alegria,
Não pertendo[1] misturar
Tua rústica harmonia.

2   Tens razão, mas não escuto
Os teus argumentos belos:

---

1 *pertendo*: grafia antiga de *pretendo*.

Por mostrar novos desvelos
Demos o anual tributo
Ao ilustre Vasconcelos.

3   Vamos pois a preparar,
    Que eu te darei as lições;
    Folheando no Camões,
    Bem podemos remendar
    Odes, sonetos, canções.

4   Podemos fingir um sonho
    Por método tal e qual,
    Se o furto for natural,
    Eu dele não me envergonho,
    Todos furtam, bem ou mal.[2]

5   Se acaso a ode te agrada,
    Para aterrar teus rivais,
    Tece em versos desiguais,
    Crespa frase entortilhada,
    Palavras sesquipedais.

6   Crepitantes, denodadas,
    Enchem bem de um verso as linhas,
    E eu me lembro que já tinhas
    N'outro tempo bem guardadas,
    Muitas destas palavrinhas.

7   Se de soneto és amante,
    Seja sempre pastoril,
    Que sem cajado e rabil,[3]

---

2   Estrofe que tem um sabor moderno, trazendo à luz três instâncias da criação: "fingimento" (ou ficção), "método" (sistematização retórica) e "furto", termo que sugere não apenas o furto propriamente dito, com a condição de que não seja percebido, como a imitação, a estilização e, afinal, as várias tendências contemporâneas de apropriação e reelaboração de temas e formas.
3   *rabil*: intrumento musical.

O soneto mais galante
Não tem valor de um ceitil.[4]

8   Venha sempre o adejar,
Que é verbinho de que gosto,
E já me sinto disposto
Para o querer engastar
N'um idílio de bom gosto.

9   E pois que aqui nos achamos,
Tão longe de humano trato,
Que inda o velho Peripato
Por toda a parte encontramos,
Com respeito e aparato:

10   Dois trocadilhos formemos
Sobre o nome de Luiz,
Seja Luz ou seja Liz,
O epigrama feito temos,
E só lhe falta o nariz.

11   Acrósticos! Isso é flor
D'um engenho singular;
Quem os soubera formar,
Que certo tinha o penhor
Para a muitos agradar!

12   Agudíssimos poetas,
Gente bem aventurada,
Que estudando pouco, ou nada,
Tem na cabeça essas petas,
E outra muito farfalhada!...

13   Mas, ó musa, o meu desgosto
E tal que já tenho pejo
De ti mesma, quando vejo

---

4   *ceitil*: moeda portuguesa antiga, insignificância, ninharia.

O teu ânimo indisposto
Para cumprir meu desejo.

14 Não tive dias bastantes... –
Basta, basta, isso é engano,
Sobeja o tempo de um ano,
E é muito seis estudantes
Para um só Quintiliano.

15 Sei que há nesta ocasião
Poetas, filhos e pais;
Porém sejam tais ou quais,
Cumpre tua obrigação,
Deixa cumprir os demais.

16 Vinte quintilhas já são,
Nos anos não se falou;
Mas à margem vendo estou,
Ler no livro da razão
– Foi omisso, não pagou. –

17 Vê se lhe podes grudar
Uma bela madrugada,
Que muita gente barbada
Aplaude sem lhe importar
A razão por que lhe agrada.

18 Feita assim a introdução,
Passemos ao elogio,
Não te escape o pátrio rio
Saindo nesta ocasião
Lá de algum lugar sombrio.

19 Coroado de mil flores
Venha a torto e a direito;
E se fizer um trejeito,
Clamarão logo os leitores:
Viva, bravo, isto é bem feito.

20 Co'as virtudes, co'as ações
    Do nosso herói não te mates:
    Basta que a obra dilates,
    Dividida em pelotões,
    Por sonoros disparates.

21 Quero ver a mão robusta
    D'Alcides, encaixe ou não,
    E alguma comparação,
    Ainda que seja à custa
    D'Anibal ou Scipião.

22 Hão de vir de Jove as filhas,
    Marte horrendo e furibundo,
    E com saber mais profundo,
    Traze as sete maravilhas,
    Que ninguém achou no mundo.

23 Eis aqui como se ganha
    O labéu[5] de caloteiro,
    Mas eu não sou o primeiro
    Que tive esta boa manha,
    Nem serei o derradeiro.

(*Obras poéticas*, I, p.221-6)

---

5 *labéu*: mancha na reputação.

TEMPLO DE NETUNO

A JOSÉ BASÍLIO DA GAMA

Termindo Sipilio

(IDÍLIO)

1 Adeus, Termindo, adeus, augustos lares
   Da formosa Lisboa; o leve pinho
   Já solta a branca vela aos frescos ares.

2 Amor, o puro amor do pátrio ninho
   Há muito que me acena, e roga ao fado
   Que eu sulque o campo azul do deus marinho.

3 Eis a nau que já d'um, já d'outro lado
   Se deita e se levanta; foge a terra,
   E me foges também, Termindo amado.

4 Da alegre Cintra, a desejada serra
   Mal aparece, e o vale, que ditoso
   Da Lilia e Jonia a voz e a lira encerra.

5 Ainda me parece que saudoso
   Te vejo estar da praia derradeira,
   Cansando a vista pelo mar undoso.

6 Já não distingues a real bandeira
   Despregada da popa, que voando
   Deixa no mar inquieto larga esteira

7 Sei que te hão de assustar de quando em quando
   O vento, os vários climas, e o perigo
   De quem tão longos mares vai cortando.

8   O lenho voador leva consigo,
    E te arranca dos braços n'um só dia
    O suspirado irmão e o caro amigo.

9   Rijo norte nas cordas assobia,
    Quatro vezes do sol os raios puros
    Voltaram[6] e só mar e céu se via:

10 Quando a estéril Selvage[7] os verde-escuros
    Ombros ergueu do sal, que se quebrava
    Nas nuas pontas dos rochedos duros.

11 Eu vi Tritão mancebo, que animava
    O retorcido búzio, e diligente
    De todo o mar a corte se ajuntava.

12 Bate as asas um gênio, e vem contente,
    N'uma mão a coroa, n'outra a taça,
    Deu-me do néctar, e cingiu-me a frente.

13 Termindo, pois de Febo a mão escassa
    Nega seus dons aos rudes e aos profanos,
    Guarda meus versos dessa tosca raça.

14 Embora os leiam peitos sobre-humanos,[8]
    Que no cume do monte bipartido
    Viram[9] das santas musas os arcanos.

15 Entrei no templo de cristal polido,
    Do grão Neptuno amplíssima morada,
    E o vi n'um trono de safira erguido.

---

6   *Voltárão*, na edição consultada.
7   *Selvage*: ilha deserta não mui longe da Madeira (nota do autor).
8   *sobre-humanos*: sem hífen, na edição consultada.
9   *Virão*, na edição consultada.

16   De fronte está de ninfas rodeada
     A branca Thetis, as enormes focas,
     E os amantes delfins guardam a entrada.

17   Os grandes rios, que por largas bocas
     Entram no vasto mar com fama e glória,
     Co' as urnas vêm desde as nativas rocas.

18   Vejo a paz, a fortuna e a vitória,
     O deus da Arcádia, o inventor da lira,
     Vênus, Amor e as filhas da memória.

19   Príncipe amado, por ti suave gira
     Nas cordas d'oiro o delicado plectro
     Apolo o move, e Clio assim respira.
     Em alto nupcial, festivo metro:

20   «Do lúcido Titã a bela esposa,
     De cor de rosa o áureo coche adorna;
     E alegre torna a nos mostrar seu rosto,
     Cheio de glória, de prazer, de gosto.

21   «As brancas asas sobre o novo leito
     Aos céus aceito o casto amor estende,
     A pira acende, e inda estreitar procura
     O mais ditoso laço,[10] a fé mais pura.

22   «Concórdia, tu que tens de amor a chave,
     Prisão suave tu lhe tens tecida,
     De quantos Ida em margens deleitosas
     Cria intactos jasmins, e frescas rosas,

23   «Pérsico ornato e fértil cópia ajunta;
     E de Amatunta a deusa delicada

---

10   *laço*: não há vírgula na edição consultada.

Vem rodeada dos Cupidos belos,
Uns voam, outros lhe pendem dos cabelos.

24 «Casta Lucina, o teu formoso aspecto
Com doce afeto inclina, e nos dê prova
A prole nova que é de amor tributo,
E seja de tais ramos digno fruto;

25 «Se fundaram[11] por séculos inteiros,
A vós guerreiros, de Lisboa os muros,
Netos futuros entre glória imensa
Nascei, é vossa justa recompensa.

26 «Cercam o trono a cândida verdade,
E em tenra idade a rara fé nobreza,
Graça, beleza, e quanto o céu fecundo
Por honra da virtude envia ao mundo.

27 «O júbilo nos povos se derrama,
Alegre a fama vai de agoiros cheia,
E a nuvem, feia que a tristeza envolve,
Espalha o vento, e em átomos dissolve.

28 «Do grande avô o espírito disperso
Pelo universo voa, aos vindouros
Prepara os loiros; vejo a murta, e as palmas,
Dignas coroas de tão grandes almas.

29 «Possa de augusta filha o forte braço
Por longo espaço sustentar o escudo,
Que ampara tudo o que seu reino encerra,
E encher de astros o céu, de heróis a terra.»

30 Cantou a musa, e sobre todos chove

---

11 *fundárão*, na edição consultada.

Celeste ambrosia; alado mensageiro
Leva as notícias ao supremo Jove.

31   Ouviu então do mar o reino inteiro
A fatídica voz e o nobre canto
De Proteu, que os futuros viu primeiro.

32   Cantava como ainda... mas o espanto
Dos olhos me roubou tudo o que eu via,
Que os tímidos mortais não podem tanto.

33   Cheia de limo e de ostras, dividia
A já cansada proa os mares grossos,
Até que amanheceu o novo dia.

34   Se enfim respiro os puros climas nossos
No teu seio fecundo, ó pátria amada,
Em paz descansem os meus frios ossos.

35   Vive Termindo, e na inconstante estrada
Pisa a cerviz da indômita fortuna,
Tendo a volúbil roda encadeada
Aos pés do trono em sólida coluna.

(*Obras poéticas*, I, p.267-73)

A JOSÉ BASÍLIO DA GAMA

Termindo Sipilio

(EPÍSTOLA)

1 Gênio fecundo e raro, que com polidos versos
   A natureza pintas em quadros mil diversos:
   Que sabes agradar, e ensinas por seu turno
   A língua, que convém ao trágico coturno:
   Teu Pégaso não voa furioso, e desbocado
   A lançar-se das nuvens no mar precipitado,
   Nem pisa humilde o pó; mas por um nobre meio
   Sente a doirada espora, conhece a mão, e o freio:
   Tu sabes evitar se um tronco, ou jaspe animas
   Do sombrio Hespanhol os góticos enigmas,
   Que inda entre nós abortam alentos dissolutos,
   Verdes indignações, escândalos corruptos.
   Tu revolves e excitas, conforme as ocasiões,
   Do humano coração a origem das paixões.

2 Quem vê girar a serpe da irmã no casto seio,
   Pasma, e de ira e temor ao mesmo tempo cheio
   Resolve, espera, teme, vacila, gela e cora,
   Consulta o seu amor e o seu dever ignora.
   Voa a farpada seta da mão, que não se engana:
   Mas ai, que já não vives, ó mísera Indiana!
   Usarás Catulo na morte de quem amas
   D'alambicadas frases e agudos epigramas?
   Ou dirás como é crível, que em mágoa tão sentida
   Os eixos permaneçam da fábrica luzida?

3 Da simples natureza guardemos sempre as leis
   Para mover-me ao pranto convém que vós choreis.
   Quem estuda o que diz, na pena não se iguala
   Ao que de mágoa e dor geme, suspira e cala.

Tu sabes os empregos que uma alma nobre busca,
E aqueles que são dignos do mandrião Patusca,
Que alegre em boa paz, corado e bem disposto,
Insensível a tudo não muda a cor do rosto:
Nem se esquece entre sustos, gemidos e desmaios
Do vinho, do presunto, dos saborosos paios.
Tu espalhando as flores a tempo e em seu lugar,
Deixas ver toda a luz sem a querer mostrar.

4   Indiscreta vanglória aquela, que me obriga
Por teima de rimar a que em meu verso diga
Quanto vi, quanto sei, e ainda é necessário
Mil vezes folhear um grosso dicionário.
Se a minha musa estéril não vem sendo chamada,
Debalde é trabalhar, pois não virá forçada.
Se eu vou falar de jogos, só por dizer florais,
Maratonios,[12] circenses, píticos, jovenaes,[13]
O crítico inflexível ao ver esta arrogância
Conhece-me a pobreza, e ri-se da abundância.
Quem cego d'amor próprio colérico s'acende,
E monstruosos partos porque são seus defende,
Sua, braceja, grita, e depois de rouco
Abre uma grande boca para mostrar que é louco:
Forma imagens de fumo, fantásticas pinturas,
E sonhando c'as musas em raras aventuras
Vai ao Pindo n'um salto de lira e de coroa:
Nascem-lhe as curtas penas, e novo cisne voa:
Igual ao cavaleiro, que a grossa lança enresta,[14]
C'o elmo de Mambrino sobre a enrugada testa,
Vai à região do fogo n'um banco escarranchado,
Donde traz os bigodes e o pêlo chamuscado.

---

12 *Maratonios*: de Maratona (Grécia).
13 *jovenaes*: juvenis.
14 *enresta*: está por "enrista".

5   Se cheio de si mesmo por um capricho vão
    Tem por desdouro o ir por onde os outros vão,
    É c'o dedo apontado famoso delirante,
    Que por buscar o belo, caiu no extravagante:
    Bem como o passageiro, que néscio e presumido
    Quis trilhar por seu gosto o atalho não sabido,
    Perdeu-se, deu mil giros, andou o dia inteiro,
    E foi cair de noite em sórdido atoleiro.
    Eu aborreço a plebe dos magros rimadores,
    De insípidos poemas estúpidos autores,
    Que frenéticos suam sem gosto, nem proveito,
    Amontoando frases a torto e a direito:
    Vem o louro Mondego por entre as ninfas belas,
    Que de flores enlaçam grinaldas e capelas:
    Surgem do verde seio da escuma crespa e alva,
    Do velho Douro as cãs, do sacro Tejo a calva.
    Escondei-vos das ondas no leito cristalino,
    E saí menos vezes do reino netunino:
    O que se fez vulgar perdeu a estimação:
    E algum rapaz travesso vos pode alçando a mão
    Cobrir d'areia e lama, por que sirvais de riso
    À turba petulante da gente ainda sem siso.
    Se fala um deus marinho, e vem a borbotões
    Amêijoas[15] e perceves,[16] ostras e berbigões;[17]
    Se os lânguidos sonetos manquejam encostados
    Às flautas, aos surrões,[18] pelicos[19] e cajados:
    Minha musa em furor o peito me enche d'ira
    E o negro fel derrama nos versos, que me inspira.

6   Autor, que por acaso fizeste um terno idílio,
    Não te julgues por isso Teócrito ou Virgílio:

---

15 *Amêijoas*: espécie de moluscos.
16 *perceves*: perseves, na edição consultada. Espécie de marisco.
17 *berbigões*: espécie de moluscos.
18 *surrões*: bolsas ou sacos de couro usados pelos pastores.
19 *pelicos*: trajes de pastor feitos de pele de carneiro.

Não creias no louvor de um verso que recitas,
Teme a funesta sorte dos Meliseus e Quitas:
Que muitos aplaudiram[20] quinhentos mil defeitos
Se o casquilho ignorante, com voz enternecida,
Repete os teus sonetos à dama presumida,
Por mais que ela te aclame bravíssimo poeta,
Da espinhosa carreira não tens tocado a meta:
Pois tarde, e muito tarde, por um favor divino
Nasce por entre nós quem de coroa é dino.[21]
Quem sobe mal seguro, tem gosto de cair,
E a nossa idade é fértil de assuntos para rir.
Equívocos malvados, frívolos trocadilhos,
Vós do péssimo gosto os mais prezados filhos,
Deixai ao gênio luso desimpedida a estrada,
Ou Boileau contra vós torne a empunhar a espada.
Mas onde, meu Termindo, onde me leva o zelo
Do bom gosto nascente? O novo, o grande, o belo
Respire em tuas obras, enquanto eu fito a vista
No rimador grosseiro, no mísero copista,
Tântalo desgraçado, faminto de louvor,
Que em vão mendiga aplausos do vulgo adorador.

7   Do trono régio, augusto, benigno um astro brilha
Entre esperança, amor, respeito e maravilha;
E à clara luz, que nasce do cetro e da coroa,
Grande se mostra ao mundo, nova, imortal Lisboa:
Se ela o terror levou nas voadoras faias
Por incógnitos mares a nunca vistas praias,
Se entre nuvens de setas ao meio das alfanjes[22]
Foi arrancar as palmas, que ainda chora o Ganges,
Da paz no amável seio, à sombra dos seus louros

---

20 *aplaudirão*, na edição consultada.
21 *dino*: digno.
22 *das alfanges*, na edição consultada.

Hoje aplana os caminhos aos séculos vindouros:
A glória da nação se eleva, e se assegura
Nas letras, no comércio, nas armas, na cultura.
Nascem as artes belas, e o raio da verdade
Derrama sobre nós a sua claridade.
Vai tudo a florescer, e porque o povo estude
Renasce nos teatros a escola da virtude.

8   Consulta, amigo, o gênio, que mais em ti domine:
Tu podes ser Molière, tu podes ser Racine.
Marqueses tem Lisboa, se cardeais Paris,
José pode fazer mais do que fez Luiz.

(*Obras poéticas,* I, p.289-94)

ÀS ARTES

(POEMA)

1   Já fugiram os dias horrorosos[23]
De escuros nevoeiros, dias tristes,
Em que as artes[24] gemeram desprezadas
Da nobre Lísia[25] no fecundo seio.
Hoje cheias de glória ressuscitam
Ate nestes confins do Novo Mundo.[26]
Graças à mão augusta que as anima!

...

7   Mas que ilustre matrona[27] entre as mais vejo
De verdes louros coroada a frente?
Tem nas mãos plectro ebúrneo e lira d'ouro,
Que celebra os heróis, e que eterniza
No templo da memória o nome e a fama
Dos ínclitos monarcas;[28] já das deusas,
A companhia escuta; já repousam

---

23 Este poema, como "O desertor" (1774), reflete o entusiasmo de Silva Alvarenga com a reforma das ciências e letras promovidas por Pombal.

24 A palavra "arte" está sendo usada em seu sentido amplo tradicional: "tekne" como ofício, habilidade, ciência aplicada ou, na versão latina, mais popularizada, *arte*. O poeta refere-se à Matemática, à Física Experimental, à História Natural, à Química, à Medicina, à Cirurgia, à Geografia, à História e à Poesia.

25 *Lysia*, na edição consultada.

26 Foi este poema recitado na Sociedade Literária do Rio de Janeiro, no dia dos anos de Sua Majestade fidelíssima dona Maria I, em 17 de dezembro de 1788 (nota do autor). A laudação do poema se dirige, particularmente, à figura de dona Maria I e, genericamente, ao regime monárquico como favorecedores das luzes do saber.

27 Trata-se da poesia, conforme nos esclarece em nota o autor.

28 O poema reproduz duas das funções atribuídas pela teoria clássica à poesia, especialmente a épica: "celebrar os heróis" e eternizar, pela memória, os dirigentes da nação (os reis e os nobres a ele ligados), cujo modelo maior foi Camões, quando cantou "as armas e os barões assinalados", em *Os lusíadas*.

As nuvens sobre o cume das montanhas;
O rouco mar, os ruidosos ventos,
A fonte, o rio, os ecos adormecem;
Reina o silêncio; em tanto solta aos ares
Calíope divina a voz sonora:

8   Os tiranos da pátria, assoladores
Do povo desgraçado, são flagelos
Que envia ao mundo a cólera celeste;
São dos mortais o horror, a infâmia, o ódio,
Mais cruéis do que a peste, a fome e a guerra.
E seu dia natal é dia infausto,
Dia de imprecação, época triste,
De susto e de geral calamidade;
Mas o monarca generoso e pio,
Amor, delícias, esperança e glória
Na nação venturosa que protege,
É dom raro e magnífico que nasce
Da eterna mão que volve os céus e a terra.
O dia, o feliz dia que primeiro
O deu ao mundo, é dia assinalado,
É dia de prazer; o povo unido
Levanta as mãos ao céu; os puros votos,
Com as lágrimas de gosto misturados,
São a pública voz e o testemunho
De gratidão, de amor e de ternura,
Tal é, rainha augusta, a vossa imagem;
Tal foi o ínclito rei, que teve a sorte
De deixar à saudosa Lusitânia
A digna filha, generosa herdeira
Do grande coração, do vasto império.

(...)

(*Obras poéticas,* I, p.331-7)

O DESERTOR

(POEMA HERÓI-CÔMICO)

[Introdução]

A imitação da natureza, em que consiste toda a força da poesia, é o meio mais[29] eficaz para mover e deleitar os homens; porque estes têm um inato amor à imitação, harmonia e ritmo. Aristóteles, que bem tinha estudado a origem das paixões, assim o afirma no cap. IV da *Poét.* Este inato amor foi o que logo ao princípio ensinou a imitar o canto das aves: ele depois foi o inventor da flauta, e da poesia como felizmente exprimiu Lucrécio no liv.I, v.1378:

> At liquidas avium voces imitarier ore
> Ante fuit multo, quam lævia carmina cantu
> Concelebrare homines possent, auresque juvare.
> Et Zephyri per calamorum sibila primum
> Agrestes docuere cavas instare cicutas.

O prazer, que nos causam todas as artes imitadoras, é a mais segura prova deste princípio. Mas assim como o sábio pintor para mover a compaixão não representa um quadro alegre e risonho; também o hábil poeta deve escolher para a sua imitação ações conducentes ao fim que se propõem: por isso o épico, que pretende inspirar a admiração e o amor da virtude, imita uma ação na qual possam aparecer brilhantes o valor, a piedade, a constância, a prudência, o amor da pátria, a veneração dos príncipes, o respeito das leis e os sentimentos da humanidade. O trágico, que por meio do terror e da compaixão deseja purgar o que há de mais violento em as nossas paixões, escolhe ação, onde possa ver-se o horror do crime acompanhado da infâmia, do temor, do remorso, da desesperação e do castigo; enquanto[30] o cômico

---

29 *mas*, na edição consultada.
30 *em quanto*, na edição consultada.

acha nas ações vulgares um dilatado campo à irrisão, com que repreende os vícios.

Qual destas imitações consegue mais depressa o seu fim, é difícil o julgar; sendo tão diferentes os caracteres, como as inclinações; mas quase sempre o coração humano regido pelas leis do seu amor próprio, é mais fácil em ouvir a censura dos vícios, do que o louvor das virtudes alheias.

O poema chamado herói-cômico, porque abraça ao mesmo tempo uma e outra espécie de poesia, é a imitação de uma ação cômica heroicamente tratada. Este poema pareceu monstruoso aos críticos mais escrupulosos, porque se não pode (dizem eles) assinar o seu verdadeiro caráter. Isto é mais uma nota pueril, do que bem fundada crítica, pois a mistura do heróico e do cômico não envolve a contradição que se acha na tragicomédia, onde o terror e o riso mutuamente se destroem.

Não obsta a autoridade de Platão referida por muitos, porque quando este filósofo no Diálogo 3 de sua *República* parece dizer que são incompatíveis duas diversas imitações, fala expressamente dos autores trágicos e cômicos, que jamais serão perfeitos em ambas.

Esta poesia não foi desconhecida dos antigos. Homero daria mais de um modelo digno da sua mão, se o tempo, que respeitou a *Batrachomyomachia*, deixasse chegar a nós o seu Margites, de que fala Aristóteles no cap.IV da *Poét.* dizendo que este poema tinha com a comédia a mesma relação que a *Ilíada* com a tragédia. O *Culex*, ou seja de Virgílio, ou de outro qualquer, não contribui pouco para confirmar a sua antigüidade.

Muitos são os poemas herói-cômicos modernos. *A Secchia rapita* de Tassoni é para os Italianos o mesmo que o *Lutrin* de Boileau para os Franceses, e o *Hudibras de Butler*, e o *Rape of the lock* de Pope para os Ingleses.

Uns sujeitaram o poema herói-cômico a todos os preceitos da epopéia, e quiseram que só diferisse pelo cômico da ação, e misturaram o ridículo e o sublime de tal sorte, que servindo um de realce a outro, fizeram aparecer novas belezas em ambos os gêneros. Outros omitindo, ou talvez desprezando algumas regras, abriram[31] novos caminhos à sua engenhosa fantasia, e mostraram disfarçada com inocentes graciosidades a crítica mais insinuante, como M. Gresset no seu *Vert-Vert*.

Não faltou quem tratasse comicamente uma ação heróica; mas esta imitação não foi também recebida, ainda que a paródia da *Eneida* de Scarron possa servir de modelo.

É desnecessário trazer à memória a autoridade e o sucesso de tão ilustres poetas para justificar o poema herói-cômico, quando não há quem duvide, que ele, porque imita, move e deleita; e porque mostra ridículo o vício, e amável a virtude, consegue o fim da verdadeira poesia.

> Omne tulit pumctum, qui miscuit utile dulci.
>
> Horat., *Poet.*, v.342

(*Obras poéticas*, II, p.5-8)

CANTO I

1   Musas, cantai o desertor das letras,
    Que, depois dos estragos da ignorância,[32]
    Por longos e duríssimos trabalhos
    Conduziu sempre firme os companheiros
    Desde o loiro Mondego, aos pátrios montes:
    Em vão se opõem as luzes da verdade
    Ao fim, que já na idéia tem proposto:
    E em vão do tio as iras o ameaçam.

---

31 *abrirão*, na edição consultada.
32 *ignorância*: Depois de abolidos os velhos estatutos pela criação da nova universidade (nota do autor). O poeta refere-se às reformas do ensino promovidas pelo Marquês de Pombal.

2   E tu, que à sombra d'uma mão benigna,
    Gênio da Lusitânia, no teu seio
    De novo alentas as amáveis artes;
    Se ao surgir do letargo vergonhoso
    Não receias pisar da glória a estrada,
    Dirige o meu batel, que as velas solta,
    O porto deixa, e rompe os vastos mares
    De perigosas Sirtes povoados.

3   Quais seriam as causas, quais os meios
    Por que Gonçalo renuncia os livros?
    Os conselhos e indústrias da ignorância
    O fizeram curvar ao peso enorme
    De tão difícil e arriscada empresa.
    E tanto pode a rústica progênie![33]

4   A vós, por quem a pátria altiva enlaça
    Entre as penas vermelhas e amarelas
    Honrosas palmas e sagrados louros,
    Firme coluna, escudo impenetrável
    Aos assaltos do abuso e da ignorância,
    A vós pertence o proteger meus versos.
    Consenti que eles voem sem receio
    Vaidosos de levar o vosso nome
    Aos apartados climas, onde chegam
    Os ecos imortais da lusa glória.

...

(*Obras poéticas*, II, p.11-2)

---

33 Virg., *Aen.*, I, I: *Tantaene animis coelestibus irae!* (nota do autor).

GLAURA

POEMAS ERÓTICOS DE UM AMERICANO

A ALCINDO PALMIRENO

(RONDÓ)

POR UM AMIGO E COMPATRIOTA

1 Toma a lira, Alcindo amado,
   Neste prado a Glaura canta;
   Ah! levanta a voz divina,[34]
   E me ensina a suspirar.

2 Para ouvir-te o sol ardente
   Fresca sombra nos procura:
   O regato não murmura,
   E a corrente faz parar.

3 Pelos ramos tortuosos
   O silêncio enfreia as aves:
   Brandos zéfiros suaves
   Vêm[35] saudosos escutar.

4 Toma a lira, Alcindo amado,
   Neste prado a Glaura canta;
   Ah! levanta a voz divina,
   E me ensina a suspirar.

---

[34] *voz divina*: Silva Alvarenga "invoca" seu heterônimo árcade (Alcindo Palmireno) para ajudá-lo a cantar Glaura, já que o último, como figura poética, participa da natureza divina.

[35] *vem*, na edição consultada.

5   Se no bosque, ou nas montanhas
    Ruge a onça d'ira acesa,
    Tu lhe podes a fereza,
    E as entranhas abrandar.
    Doce o som dos teus acentos,
    Como o mel que a abelha cria,
    Move a tosca penedia,
    Onde os ventos vão quebrar.

6   Toma a lira, Alcindo amado,
    N'este prado a Glaura canta,
    Ah! levanta a voz divina,
    E me ensina a suspirar.

7   Aqui junto aos arvoredos
    Deixa o pálido receio,
    E não temas do teu seio
    Mil segredos arrancar.
    Nestes campos, nestes vales
    A calúnia, e o mostro fero...
    Mas, ó céus! para que quero
    Tristes males recordar.

8   Toma a lira, Alcindo amado,
    Neste prado a Glaura canta;
    Ah! levanta a voz divina,
    E me ensina a suspirar.

9   Inda os olhos mal enxutos
    De sentir os teus amores,
    Virão cândidos pastores
    Tenros frutos te ofertar.
    Virão ninfas da floresta
    Loiras brancas e formosas;
    E trarão jasmins e rosas
    Para a testa te enfeitar.

10   Toma a lira, Alcindo amado,
      Neste prado a Glaura canta;
      Ah! levanta a voz divina,
      E me ensina a suspirar.

(*Obras poéticas*, II, p.85-7)

A LUA

(RONDÓ)

1   Como vens tão vagarosa,
     Ó formosa e branca lua!
     Vem co'a tua luz serena
     Minha pena consolar.

2   Geme, oh céus! mangueira antiga
     Ao mover-se o rouco vento,
     E renova o meu tormento,
     Que me obriga a suspirar.
     Entre pálidos desmaios
     Me achará teu rosto lindo,
     Que se eleva, refletindo
     Puros raios sobre o mar.

3   Como vens tão vagarosa,
     Ó formosa e branca lua!
     Vem co'a tua luz serena
     Minha pena consolar.

4   Sente Glaura mortais dores:
     Os prazeres se ocultaram,[36]

---

[36] *ocultarão*, na edição consultada.

E no seio lhe ficaram[37]
Os amores a chorar.
Infeliz! sem lenitivo
Foge tímida a esperança,
E me aflige co'a lembrança
Mais ativo o meu pesar.

5   Como vens tão vagarosa,
    Ó formosa e branca lua!
    Vem co'a tua luz serena
    Minha pena consolar.

6   A cansada fantasia
    N'esta triste escuridade,
    Entregando-se à saudade,
    Principia a delirar.
    Já me assaltam, já me ferem
    Melancólicos cuidados!
    São espectros esfaimados,
    Que me querem devorar.

7   Como vens tão vagarosa,
    Ó formosa e branca lua!
    Vem co'a tua luz serena
    Minha pena consolar.

8   Oh que lúgubre gemido
    Sai daquele cajueiro!
    É do pássaro agoureiro
    O sentido lamentar!
    Puro amor!... terrível forte!...
    Glaura bela... infausto agoiro!...
    Ai de mim! e o meu tesoiro,
    Ímpia morte, hás de roubar?

---

37 *ficarão*, na edição consultada.

9   Como vens tão vagarosa,
      Ó formosa e branca lua!
      Vem co'a tua luz serena
      Minha pena consolar.

(*Obras poéticas*, II, p.240-2)

Bibliografia

ADORNO, T. W. [1970]. *Teoria estética.* Trad. Artur Morão. Lisboa: Edições 70, 1982.

ALVARENGA, M. I. da S. *Obras poéticas.* Col. e anot. J. Norberto de Souza. Rio de Janeiro: Garnier, 1864. 2t.

ANCHIETA, S. J. J. de. *Poesias.* Transcr., trad. e notas M. de L. Paula Matins. São Paulo: Comissão do IV Centenário da Cidade de São Paulo, 1954.

ARISTÓTELES. *Arte retórica e arte poética.* Trad. Antônio Pinto de Carvalho. Introd. e notas Jean Voilquin e Jean Capelle. Estudo, introd. Goffredo Telles Júnior. Rio de Janeiro: Tecnoprint, s. d.

_____. Metafísica. In: _____. *Obras.* Trad. do grego, estudo preliminar, preâmbulos e notas Francisco de P. Saramanch. Madrid: Aguilar, 1964.

AUERBACH, E. *Mimesis.* Trad. George Bernard Sperber. São Paulo: Perspectiva, Edusp, 1971.

BOILEAU. *L'art poétique*: suivi de l'art poétique d'Horace et d'une anthologie de la poésie préclassique en France (1600-1670). Paris: Union Génerale d'Édition, 1966.

BRAGA, T. *A Arcádia lusitana*: Garção, Quita, Figueiredo, Diniz. Porto: Chardon, 1899.

BRAY, R. *Formation de la doctrine classique.* Paris: Nizet, 1966.

BRUYNE, E. *Estudios de estética medieval.* Madrid: Gredos, 1958. 3v.

BURKE, P. *A arte da conversação*. Trad. Álvaro Luiz Hattnher. São Paulo: Editora UNESP, 1995.

CAMINHA, P. V. de. *A carta de*. 2.ed. Rio de Janeiro: Agir, 1977.

CAMÕES, L. de. Redondilhas e sonetos. In: _____. *Obras completas*. Pref. e notas Hernani Cidade. Lisboa: Sá da Costa, 1947. v.I.

_____. [1572]. *Os lusíadas*. In: _____. *Obras completas*. Prefácio e notas Hernani Cidade. Lisboa: Sá da Costa, 1947. v.IV e V.

CANDIDO, A. *Formação da literatura brasileira* (momentos decisivos). São Paulo: Martins, 1964. 2v.

_____. *Formação da literatura brasileira*. 6.ed. Belo Horizonte: Itatiaia. 1981. 2v.

CANDIDO, A., CASTELLO, J. A. *Presença da literatura brasileira*. 5.ed. São Paulo: Difel, 1975. 3v.

CASSIRER, E. *Linguagem e mito*. São Paulo: Perspectiva, 1972.

CASTELLO, J. A. *Manifestações literárias da Era Colonial*: a literatura brasileira. São Paulo: Cultrix, 1969. v.I.

CASTRO, A. P. de. *Retórica e teorização literária em Portugal*: do Humanismo ao Neoclassicismo. Coimbra: Centro de Estudos Românicos, Universidade de Coimbra, 1973.

COSTA, C. M. da. *A poesia dos inconfidentes*: poesia completa de Cláudio Manuel da Costa, Tomás Antônio Gonzaga e Alvarenga Peixoto. Rio de Janeiro: Nova Aguilar, 1996.

CROCE, B. *Estética como ciencia de la expressión y Lingüística general*. Buenos Aires: Nueva Visión, 1969.

CURTIUS, E. R. *Literatura europeia e Idade Média latina*. Rio de Janeiro: MEC, INL, 1957.

DÍAZ-PLAZA, G. (Org.) *Antología mayor de la literatura hispanoamericana*. Barcelona: Labor, 1969. 2v.

DURÃO, FR. J. de S. R. *Caramuru*: poema épico do descobrimento da Bahia. São Paulo: Cultura, 1945.

_____. *Caramuru*: poema épico do descobrimento da Bahia. Por Hernani Cidade. 2.ed. Rio de Janeiro: Agir, 1961.

GAMA, J. B. da. *O Uraguai*. Edição comemorativa do Segundo Centenário. Anot. Afrânio Peixoto, Rodolfo Garcia e Osvaldo Braga. Rio de Janeiro: Academia Brasileira de Letras, 1941.

_____. *Obras poéticas de Basílio da Gama*. Ensaio e ed. crítica de Ivan Teixeira. São Paulo: Edusp, 1996.

GARÇÃO, P. A. C. *Obras poéticas e oratórias*. Introd. e notas J. A. Azevedo Castro. Roma: Irmãos Centenari, 1888.

GONGORA Y ARGOTE, L. de. *Obras completas*. Madrid: Aguilar, 1972.

GONZAGA, T. A. *Cartas chilenas*. Introd., cronologia, notas e estabelecimento do texto Joaci Pereira Furtado. São Paulo: Companhia das Letras, 1995.

_____. *Marília de Dirceu e mais poesias*. Pref. e notas M. Rodrigues Lapa. 3.ed. Lisboa: Sá da Costa, 1961.

GRIMAL, P. *Essai sur l'art poétique d'Horace*. Paris: Société d'Édition d'Enseignement Supérieur, 1968.

HANSEN, J. A. *A sátira e o engenho*: Gregório de Matos e a Bahia do século XVII. São Paulo: Companhia das Letras, 1989.

HAUSER, A. *Teorias da arte*. Lisboa: Presença; São Paulo: Martins Fontes, 1978.

HOLANDA, S. B. de. *Capítulos de literatura colonial*. Org. de Antonio Candido. São Paulo: Brasiliense, 1991.

_____. *O espírito e a letra*: estudos de crítica literária. Org., introd. e notas Antônio Arnoni Prado. São Paulo: Companhia das Letras, 1996. 2v.

HORÁCIO. *Arte poética*. Introd., trad. e comentário R. M. Rosado Fernandes. Lisboa: Clássica, s. d.

LAPA, M. R. *Vida e obra de Alvarenga Peixoto*. Rio de Janeiro: Instituto Nacional do Livro, 1960.

LEITE, S. S. I. *Cartas dos primeiros jesuítas do Brasil III*. São Paulo: Comissão do IV Centenário da Cidade de São Paulo, 1958.

LEÓN, F. L. de. *Poesías*. Edición preparada por Miguel de Santiago. Barcelona: Ediciones 29, 1989.

LOBO, F. R. *Poesias*. Sel., pref. e notas Afonso Lopes Vieira. Lisboa: Sá da Costa, 1940.

LOPES, E. *Metamorfoses*: a poesia de Cláudio Manuel da Costa. São Paulo: Editora UNESP, 1997.

LOPES, H. *Letras de Minas e outros ensaios*. Sel. e apres. Alfredo Bosi. São Paulo: Edusp, 1997.

LUZÁN, I. de. *La poética o reglas de la poesía en general y de sus principales especies*. (*Ediciones de 1737 y 1789*): con las as memorias de la vida de don Ignacio de Luzán, escritas por su hijo. Introd. e notas Isabel M. Cid de Sirgado. Universidad de Hofstra. Madrid: Cátedra, 1974.

MACHADO DE ASSIS, J. M. Instinto de nacionalidade. In: _____. *Obra completa*. Rio de Janeiro: Aguilar, 1962. v.III.

MATOS, G. de. *Obras completas*. 2.ed. São Paulo: Cultura, 1945. 2v.

_____. *Poemas escolhidos*. Sel., introd. e notas José Miguel Wisnik. São Paulo: Cultrix, 1976.

_____. *Obra poética*. Ed. James Amado. Prep. notas Emanuel Araújo. Rio de Janeiro: Record, 1990. 2v.

MELO, D. F. M. de. *A tuba de Calíope*. Introd., estabelecimento do texto, notas e glossário Segismundo Spina. São Paulo: Brasiliense, Edusp, 1988.

MELLO E SOUZA, A. C. *Vários escritos*. São Paulo: Duas Cidades, 1970.

MIRANDA, F. S. de. *Obras completas*. 2.ed. Fixação de texto, notas e pref. M. Rodrigues Lapa. Lisboa: Sá da Costa, 1942.

OLIVEIRA, M. B. de. *Música do Parnasso*. Pref. e org. Antenor Nascentes. Rio de Janeiro: s. n., 1953. 2t.

PINTO, B. T. *Prosopopeia*. Introd., estabelecimento de texto e comentários Celso Cunha e Carlos Durval. São Paulo: Melhoramentos; Brasília: INL, 1977.

POPE, A. *Ensaio sobre a crítica*. Trad. port. de Conde de Aguiar. Rio de Janeiro: Impressão Régia, 1810.

RUEDAS DE LA SERNA, J. A. *Arcádia*: tradição e mudança. São Paulo: Edusp, 1995.

SILVA, D. C. da. *Gonzaga e outros poetas*. Rio de Janeiro: Orfeu, 1970.

SPINA, S. *Introdução à poética clássica*. São Paulo: FTD, 1967.

VARNHAGEN, F. A. de. *Florilégio da poesia brasileira*. Rio de Janeiro: Academia Brasileira de Letras, 1987. 3v.

VERÍSSIMO, J. *História da literatura brasileira*. Introd. Heron de Alencar. 4.ed. Brasília: Editora da UnB, 1963.

WELLEK, R. *História da crítica moderna*. São Paulo: Herder, Edusp, 1967. v.I: Século XVIII.

O objetivo do Programa é estimular a publicação e a distribuição de livros-textos, obras de referência e outras que contribuam diretamente para a formação inicial e continuada de professores.

Veja como funciona

O Programa será desenvolvido com o apoio do Comitê de Produtores da Informação Educacional (Comped) na reprodução dos materiais aprovados, segundo as seguintes condições:

1) Terão preferência as editoras universitárias de Instituições de Ensino Superior mantidas pelo setor público.
2) Não serão aceitas obras que se caracterizem como estudo de caso, dissertação ou tese sem as devidas modificações para adequá-las ao público-alvo do Programa.
3) É permitida a coedição das obras aprovadas com outras editoras.
4) As obras a serem encaminhadas ao Programa devem ser previamente selecionadas e aprovadas pelos respectivos Conselhos Editoriais.
5) Só serão aceitas reedições de obras comprovadamente esgotadas há, no mínimo, dois anos.
6) Não há limite de envio de propostas por editora ou por processo de seleção. Também não há limite para o número de obras que podem ser contratadas para reprodução.
7) Cada volume de uma mesma obra é considerado como uma proposta independente.
8) Para cada reprodução apoiada, deverá ser enviada ao INEP uma cota de 1.000 exemplares, para distribuição às bibliotecas universitárias, às unidades acadêmicas, às editoras participantes do Programa e, por solicitação, a outras instituições interessadas, até esgotar a referida cota.
9) Para cada obra a ser reproduzida nos termos do Programa será elaborado instrumento contratual específico, indicando todas as condições a serem seguidas pelas partes. A Editora Universitária responsabilizar-se-á por todos os custos de edição da obra apoiada, além da prestação de contas e outras exigências que se fizerem necessárias.

Maiores informações e calendário consultar:

http://www.inep.gov.br/comped/default.htm
E-mail: comped@inep.gov.br
Endereço: Secretaria Executiva do Comped
  Centro de Informações e Biblioteca em Educação – CIBEC
  Esplanada dos Ministérios, Bloco L, Térreo
  CEP 70047-900 Brasília – DF
  Telefones: (0xx61) 410-9052 ou 323-5510

SOBRE O LIVRO

Formato: 14 x 21 cm
Mancha: 23 x 44,5 paicas
Tipologia: Gatineau 10/13
Papel: Offset 75 g/m² (miolo)
Cartão Supremo 250 g/m² (capa)
1ª *edição:* 2001
2ª *reimpressão:* 2011

EQUIPE DE REALIZAÇÃO

Produção Gráfica
Sidnei Simonelli

Edição de Texto
Nelson Luís Barbosa (Assistente Editorial)
Ingrid Basílio (Preparação de Original)
Carlos Villarruel e Alexandre Araújo (Revisão)
Viviane Oshima (Atualização Ortográfica)

Editoração Eletrônica
Casa de Ideias

Impressão e acabamento